やっとわかった

シュタイナーの本質【上】

目に見えないからと言って、
それがないとは言えない！

Kozo Itano
板野肯三
筑波大学名誉教授

ヒカルランド

◉

物質世界の波動は、今、極端に下がってしまっている。アセンションではなくて、ディセンションしたかのようだ。この重さは、どこから来るのかというと、多くの人が、すべては物であり、思いによってそれを変えられるとは思っていないからである。だから、世界そのもののエネルギー原理が、正常に働かなくなってしまったのである。人間の集団には思いの力のようなものがあり、これには価値観も含まれるが、多くの人が何を信じているのかという、その信念体系のようなものが、世界の物質のあり方に影響を与えているということである。

◉

特に重要なもうひとつのことは、元素が単体で無機的に存在しているときには起こらないようなことが、植物の体内にいるときには起こるということである。珪素だけではなくて、他の元素も、生きている植物の内部に存在しているときには、その元素自体が、あたかも『生きているような状態』になる。こういう状態の元素は、惑星のエネルギーに反応するのである。

◉

上から下へ（高次から低次へ）と世界が展開するときに、互いに断絶した不連続な表現の世界を経由する。これが次元性である。次元の異なる世界の間に作用する力は、創造力ないし「存在のエネルギーの作用力」だけである。

物質的な存在とだけ見えるものにも、実は、霊性（波動性または固有の波動・次元性）があって、エーテル性・アストラル性・霊性などの次元的階層がある。

◉

◉

天体的・宇宙的実体である惑星・恒星・銀河のようなものにも、エネルギー的個性が存在する。

シュタイナーがこの惑星の働きで言っているのは、地球よりも内側を回っている2つの内惑星（水星・金星）と外側を回っている3つの外惑星（火星・木星・土星）である。特に、木星と土星は、質量が非常に大きく影響が大きい。この物質の霊性に関わる世界をシュタイナーは明らかにした。

◉

物質とエーテルが関係しあっているとは言っても、物質体とは無関係にエーテル性のエネルギーというのは存在するし、逆に、濃いエーテル存在を背景にしない物質の存在もあり得る。エーテルが少ない場合は、物質の生命性は薄くなる。

本当は、目に見えない世界というのは、エーテル界だけではなくて、その上には、アストラル界もあり、さらに、その上には、魂的・霊的世界もある。エーテル界も、地球のまとっているエーテル界は、４層あって、これは、４元素に対応している。

生命というものの本質を、対極的な方向から語っているのが、シュタイナーの生命論なのである。まず出発点が違う。生命体というのは、その生命体に重なっている生命エーテルという非物質のエネルギーの作用によって成立している一つの小宇宙であり、外界の非物質の世界とは一線を画していると彼は言っている。

人間と動物と植物では、非物質部分の構造に差があるのだが、この物質的な体に重なっているエーテルは、エーテル体というまとまったエネルギー体になっていて、このエネルギー体の存在が、私たちの体が生命体であることの意味でもあるということである。

肉体とエーテル体は一体のものだとして、魂が肉体に宿る時には、何が起こるのかというと、魂の方は、霊体という、これも非物質のエネルギー体の核の部分であって、このエネルギー体は、肉体やエーテル体に比べて、その存在の在り方というか、エネルギーとしてのモードというか、こういうことを説明するための概念が、今の文明の中に存在しないので説明が難しいのだが、敢えていうと、存在の周波数域のようなものが相当にかけ離れている。

だから、そのままでは接合不可能なのである。だからどうするかというと、エーテル体と霊体の間に、緩衝材になるようなエネルギーの層をひとつ入れることにするのである。これがアストラル体と呼ばれるエネルギー体である。

◉

地球なら地球の固有の生命体としての空間の中に、私たちの固有の空間が間借りしているようなことになっていると言えばいいだろうか。各論になってしまうが、地球のエーテル体は、生命エーテルだけではない。大きく分けて４種類があり、生命エーテル、化学エーテル、光エーテル、熱エーテルの４つの形態のエーテルが存在し、必要に応じて使われているのである。

◉

植物なら植物というものの体の奥にエーテル体が存在するように、鉱石の結晶の奥にもエーテル体が存在していて、それは、単なる物質ではなくて、生命体を構成する小宇宙でもあるということである。

◉

炭素という元素の奥には、この炭素の精霊とも言うべき存在がいて、その精霊の表現として、この炭素があるということなのである。

◉

◉

どうも生命体はものすごく特別な時空を作り出しているということのようである。この小宇宙の中で特異点になるような時空である。もちろん広く考えると、地球上の生命だけが生命ではなくて、地球自身も生命体であり、この宇宙全体も生命体であるということがあるので、あらゆるところが生命体というものの中にあるのは確かだ。

◉

生命を作り出すときに、全元素の中で炭素ほど柔軟性に富む形状を生み出せる元素はなく、この炭素が霊性との相性がいいというのは、恐らく偶然ではないだろう。そういう風に創造された元素なのだろう。

炭素の存在のミッションはそういうところにあって、この世界はとてもうまくできているということだ。

なぜ窒素が必要かというと、窒素はアストラル的なエネルギーを運んでいて、霊的なものとエーテル的なものがある時には、霊的なものはエーテル的なものと直接くっつくことはできず、アストラル的なものが中間にこないといけないのである。だから、人間の霊体の階層構造でも、霊的なるもの、アストラル体、エーテル体という重なりになっているのと同じである。

この「霊性」というのは、人間の霊体である霊的エネルギーとしての実体と言うといいだろうか。一方、窒素は、人間の思いの次元と関係する。シュタイナーは、だから、窒素が人間の心的中核と関係すると言っている。

◉

植物の場合は、物質的な体とエーテル体のみで、アストラル体がない。しかし、アストラル的なものが外側から植物を包んでいなくてはならない。アストラル的なものが外側から植物に触れていないと、開花することができない。

瞑想というのは、人間の思いの延長線上に投影されるものなので、その意味では、アストラル体での活動であり、それ故に、心魂の活動が窒素存在の働きと同化していると言っても間違いではないだろう。簡単に言ってしまうと、心魂というのは、魂の核の部分のことである。

◉

『水素は、なんらかの意味で姿形や生命を持っているアストラル的な存在を再び広大な宇宙の中へと連れ戻し、それが宇宙から受け取られうるようにするのである。水素は一切を解消するのである』とシュタイナーは言っているが、本当に宇宙のどこかに何かが運ばれるわけではない。これは霊的な世界の話で、一瞬にして空間的時間的な次元の接続が起こるという意味である。

◉

実は、この肉体を存在させているのは、エーテル体の力である。逆に、エーテル体が、体を物質世界に投影しているということさえある。

見える物質世界の中に表現されているＤＮＡとしての情報をどう使うかということで、物質世界とエーテル世界が交わるところで生命が展開しているということを理解しないといけない。

◉

シュタイナーが雑草を封じる方法としてあげているのは、その地で雑草を成長させ、その種を採って焼き、その灰を撒くことだ。この灰の量はホメオパシー的な量でいいと彼は言っているが、これは灰が物質として作用するのではないことを意味している。灰の含んでいる波動というものが、その土地にいきわたる時に、その雑草はその地に生えてくることを好まなくなるということである。非常に微量でも、強い作用を持っているということがあるということだ。

◉

シュタイナーの説明の中で注目すべきことはいくつかあって、そのひとつは、惑星からのエネルギーというものの量はあまり重要ではなく、わずかでもいいので存在するかしないかが重要なほどの希薄なエネルギーでいいらしいことである。

惑星から送られてくるエネルギーというのが、生命エネルギー系のエネルギーだからである。

◉

まえがき

私がシュタイナーの本を、最初に、本気で読んだのは、彼の書いた『農業講座』だった。おおよその他の本とは違って、この本の中には不思議なことが書いてあった。

これが、この本を難解にしている原因だろうが、実は、このシュタイナーの農業講座は、当時、シュタイナーがやっていた、もうひとつの講座「医療講座」というものがあって、この二つの講座が対になっているようなところがある。

農業講座の中に人間のことが出てくるし、医療講座の中に植物のことが出てくるのである。どちらも生き物なので、関係があると言えば関係がある。

農業講座の方は、まとまった本として日本語の翻訳本が出版されているが、医療講座の方は、全部がまとまって出版されているわけではなくて、量もはるかに多い。

シュタイナーの農業講座は、シュタイナー農法としての実践があり、特に、ドイツでは普及しているようだし、最近のアメリカにおける有機農法は、実は、多くがシュタイナー農法の流れをくむものだったりするので、その意味で、広まっているのである。

こういう事例は、シュタイナー教育の分野にも見られ、農業と教育は世の中に普及するところまでいっているということである。

しかし、シュタイナーの講義の本論は、農業とか教育だけではない。それを彼は、人智学（アントロポゾフィー）と呼んでいるが、これは、もとは、ブラヴァッキーの神智学から始まっており、非常に難解とされている領域である。

シュタイナーは、十九世紀の後半から二十世紀の初頭を生きた人であるが、今の分類でいうと、彼の領域は霊科学であるということができる。高度な霊的認識力や霊視能力があり、当時全盛だった現代科学に対して、立ち向かった。

彼の人生の後半の講義の中でのテーマは「カルマ論」であり、ここでシュタイナーがカルマと言っている概念は、仏教の中で言われているようなカルマの概念からすると、非常に広い意味で使われている。文明論とか生命論を、科学と神秘主義の両面から語ったのがシュタイナーのカルマ論であったということかもしれない。このカルマ論については、下巻で取り上げることにしたい。

シュタイナーの農法について言っておくと、これは一種の非物質的エネルギー論でもある。

地球には大量に存在する珪素という元素の持つ非物質的な性質として、

地球の外惑星である火星・木星・土星のエネルギーを中継して植物に伝えるという働きというものがあるのだが、このエネルギーというのは私たちが科学的に捉えている物質的なエネルギーのことでは、もちろんない。

この惑星から送られてくるエネルギーというのは、非物質的エネルギーであり、物質的か霊的かという二元的な見方をするなら、一種の霊的エネルギーに入るだろう。

こういうエネルギーが、植物が成長していく中で、どういう働きをするのかというのが、このシュタイナー農法の核になる概念である。

同じ珪素であっても、石として自然界に存在している珪素酸化物の結晶は、植物には吸収されない。吸収されるのは、水に溶けるケイ酸なのである。そういうことは二十世紀の初め頃のシュタイナーの時代にはよく分かっていなかった。今では、精密な元素分析が容易にできるし、水溶性のケイ酸というのは当たり前に知られている。

特に重要なもうひとつのことは、元素が単体で無機的に存在しているときには起こらないようなことが、植物の体内にいるときには起こるということである。

珪素だけではなくて、他の元素も、生きている植物の内部に存在しているときには、その元素自体が、あたかも『生きているような状態』になり、こういう状態の元素は、惑星のエネルギーに反応するのである。

何が何にどう反応して、どういう力を発揮するのかは、彼の農業講座を参照していただきたいが、生命体の内部というのは、ひとつの特別な次元の小宇宙なのかもしれない。シュタイナーの話す農法では、こういう話が展開されるのである。だから、常識的な尺度では測り切れないところがある。

そして、この奥にあるのは、あらゆる物質的な存在が、霊的な固有のエネルギーを持っていて、共鳴し作用しあう関係にあるということである。

これは見方を変えると、宇宙的なレベルでの「波動論」というジャンルそのものである。

こういう世界が、今の物質だけしか取り扱えない科学の先に存在する新しい科学の枠組みのひとつなのだろう。

シュタイナーは、自らのアプローチをスピリチュアル・サイエンスと呼んでいたようだが、この方向性は、私の目指すところと重なっている。スピリチュアル・サイエンスを日本語にすると、「霊科学」とか「霊性科学」というような言葉になるのかもしれない。その意味で、シュタイナーには、とても親近感を感じるところがあるのである。シュタイナーは、目に見えない霊的な世界を科学的に捉え表現しようとしていたからである。

この方向は、シュタイナーの時代から百年近く経っている今でも、斬新さを感じさせるところがある。本書では、農業を始めとするいろいろなテーマを材料にしながら、シュタイナーの世界を覗いてみたいと思うのである。

なお、本書を書くにあたって、ゲーテの自然科学に関する洞察が非常に重要な位置を占めていることが分かり驚いている。コペルニクスやケプラーやガリレオやデカルト、それからニュートンという科学の発展の歴史に対して、ゲーテやシュタイナーの路線があるのである。ある科学史の専門家の方の意見では、これにソローがつながっているらしい。

これは、この自然というものを機械論的に捉えないで、ありのままの自然を見ていく方向であり、霊的な世界観へとつながっていく流れなのである。ということになると、ゲーテも面白そうである。いずれ、ゲーテについても書いてみなくてはいけないという気がしている。

今の科学のように、この分野には共通の言語があるわけではない。認識の枠組みも共通のものがないかもしれない。だから、ここでは、私は私として、直感的な理解を元にして認識できたことを表現してみることにした。

それが、読者のみなさんの何がしかのお役に立てれば幸いである。

こういう霊的なことが関わる話は、シュタイナーから百年経った今でも、科学では認められていない。しかし、目に見えないからと言って、それがないとは言えないのである。

なお、本書では、内容を上巻と下巻に分けて、二分冊とし、下巻では、主に、人間に関わることをテーマとして取り上げることにした。

板野肯三
筑波大学名誉教授

シュタイナーからのメッセージ
（二〇二四年十二月二十五日十三時三十分）

みなさん、こんにちは、シュタイナーです。二十世紀の初頭にヨーロッパに生きていたものです。私が、今、ここで、みなさんに、再び、メッセージをお伝えできることを、うれしく思っております。

私の生きた時代に、今、ここにおられるこの方も、一緒に生きておられましたが、当時、私たちは、対極的な立場に立っておりました。私は、霊科学という立場に立って、科学一辺倒になっていく世の中に対して、目には見えない世界があることを言っておりました。ここにおられる方は、当時は、女性の科学者として、第一線で活躍をしておられました。

これは、どちらかが間違っていたというようなことではありません。神の世界における必然というものが、そこにはありました。というのは、今の文明というのは、一見、科学が進んでいるように見えておりますが、科学というものも、宇宙的なスケールでの進歩ということから見ると、まだ、はるかに原始的な幼稚なところにあるという現実があり、少しでも、科学を発達させて、最低限の宇宙レベルの文明の入り口に持って行かなければいけないということがあったからです。

一方で、霊性ということで言えば、この科学と霊性というのは、宇宙的なレベルの文明の両輪のようなものであり、今のような科学だけでは、どうにもならないところがありますし、霊的な視点というものを、バランスよく、そして深く持たなくては、これ以上、先には進めないということがあるからです。それを当時やっていたのが、私の立場でした。この方は、当時、最先端の物理学を研究されていましたが、一方で霊的なことにも関心をお持ちの珍しい方でありました。もちろん、魂の世界においては、私たちは、仲間同士であります。

そして、文明は、私の預言した通り、ものすごく深刻なところまで行ってしまいました。文明の終盤において、きわめて深刻な事態に陥ってしまっております。その最も大きな原因というのは、人間が霊的なことを認識せず、物の部分しか見なくなってしまったからであると言ってもいいでしょう。いわゆる、物質主義とか、唯物主義と言われているような、目に見えるものしか信じることができなくなってしまったのです。私が、最後の頃に何を言っていたのかを思い出して欲しいと思います。私は、ミカエルの流れ（ミカエルストリーム）ということを言いました。これは、宇宙からやって来る光の流れです。今、この方が言っていることと、基本的には同じことです。

もうひとつの聖杯のストリームということについても言いました。ミカエルストリームないしアーサー王のストリームと、聖杯伝説とか、パーシヴァルのストリームというのは、高次の根源的な世界からの働きかけと、この世に生きる人類の進化の対比というものを映しております。最後に、人類が、いかにして、本来の姿に目覚めていくのかということを、これは言っております。最後は、それを、人類が自ら自覚して、自らの目覚めとしていかなくてはなりません。そして、神につながっていくということです。その時、ミカエルが助力してくれます。これを果たせるかどうかは、今という最後の時を生きている人類の自由意志による選択となります。

なぜなら、人間は、この方が言われているように、本来、みな神の子であり、人間の魂の中には、神の力が宿されているからであり、そこには、すべてが与えられているからです。そして、自我の中に閉ざされた状態から飛躍することができるかどうかが、そこにかかっているのです。
最後のこの時期に、私の言葉を再び伝えられることを感謝して終わることとします。今日は、どうも有難うございました。

ルドルフ・シュタイナー
日本の地にて

このメッセージが、やって来ることは、予期していなかったので、少し驚いているが、この日は、気が付いてみれば、二〇二四年のクリスマスの日であり、来年（二〇二五年）の三月三十日が、シュタイナーの没後百年である。シュタイナーは、キリスト教の祝祭の日をとても大事にしていたので、これは、とても意味のあることかもしれないと感じている。私自身がチャネラーであるとは思っていないので、ここでは、どうやって、こういうことが起こったのかを説明しておかないといけない。

こういうことが起こるとき、何かが耳から聞こえたり、あるいは、私の意識の中に誰かが入って来たりしているわけではない。そういうことではなくて、自分の意識として、ここにメッセージとしているようなことが思い浮かぶのである。自分で考えて、何かを思いついているのと、それほど大きな違いはない。

だから、これは、私の創作ではないのかと言われれば、そうかもしれない。一人の作家として、私がこれを思いついて書いたのかと言われれば、それを百パーセント否定することはできない。

インスピレーションという形態のときは、何かを考えているときに、答えを思いつくというようなことであって、それも、私が考え出したことではないかと言われれば、それを否定することはできない。

それほど、ほのかなことなのである。だから、これを「シュタイナーからのメッセージ」とするか、「シュタイナーとの空想上の会話」とするのかは、どちらでもいいような気がしている。

何かを証明することはできないし、そういうことをしようとすること自体が、あまり意味のあることとは思えない。それと、この本自体が、何しかのインスピレーションで書かれているということがあるので、私にとっては、そういうことをあまり区別はしていないということがある。だから、メッセージというようなものに違和感があるようであれば、私の創作と考えていただいて差し支えない。

シュタイナーの本質　上　目次

第三章　地球上の生命と惑星のエネルギーの基本的関係……105

第四章　本物の農夫はなぜ瞑想家となるのか⁉

第五章　農業におけるエーテル論

カバーデザイン　重原隆
本文仮名書体　文麗仮名（キャップス）

第一章

——シュタイナーは何を見たのか？

ルドルフ・シュタイナーは、一八六一年二月二十七日にクロアチアで生まれ、一九二五年三月三十日に六十四歳で亡くなった。クロアチアとはいってもオーストリア国境に近い町で、オーストリアで教育を受け活動するようになる。ウィーンの大学では科学の勉強もしたようである。だが、彼は、当時の科学が霊を否定するのに限界を感じ、最初ゲーテに惹かれるのである。

シュタイナーの処女作は彼が二十五歳の時に出版した『ゲーテ世界観の認識要綱』なのである。三十六歳の時には『ゲーテの自然科学論文集』と『ゲーテの世界観』を書いた。当時のシュタイナーは、ゲーテを綿密に研究するところから始めた。アナキズム的な人たちとの関係を持ったり、ニーチェ的な立場を取ったこともあるが、ある時期から神秘思想に転身する。

ここで注目しないといけないことは、ゲーテにしてもシュタイナーにしても、ただものではないということである。ゲーテという人は、自然科学にも通じていたが、一般には作家としての方が有名である。しかし、ファウストのような作品は、実は単純に文学作品としてみなしていいかどうかという問題がある。なぜなら、このファウストという作品は、実際にゲーテが霊的な世界において見たことが書かれているからだ。

ゲーテがそう言っているわけではなくても、シュタイナーのような人がファウストを読めば、そのなかにある本質というものを、自らの力で見通してしまうことができたということである。事実、シュタイナーにはそれが分かったのである。

ゲーテもシュタイナーも、そういう人だったのである。分かる人には分かるし、分からない人には分からない。もう少し正確に言うとすれば、ファウストも、それを文学作品として見た時の価値というのがあって、そういう意味では、多くの人がそれを認めるだろう。だから、人にどこまで分かるのかというのは、それぞれに、その奥行きが違うということである。

まあ、そういうことがあって、シュタイナーはゲーテ研究に入っていった。その結果が『ゲーテ世界観の認識要綱』なのであり、実は、これを読むと、これが、シュタイナーの人智学の骨格そのものであることが分かるのである。

もっとも、ここでは、徹底的に哲学的なアプローチがされていて、若きシュタイナーの認識論が展開されている。ゲーテの認識とシュタイナーの認識の重なりあったものがここにある。科学ということについて言うなら、生き物というものを精緻《せいち》に観察することから始めて、植物というものを非常に精密に見たというのが、この頃のシュタイナーなのである。神秘主義的話は、この頃には出てこない。四元素の話は出てくるが、科学的な方向からの見方が示されている。

もう、この時点で、人智学の芽は出来上がっていたということなのだ。

霊視の力は、幼い頃から開けていたが、それがゲーテに触れることで、認識力も開けたという風に見ていいかもしれない。徹底的な哲学的認識であるとか、科学的な観察力を身につけたのは確かである。そして、彼は、神秘主義へと入っていった。

この『ゲーテ世界観の認識要綱』の中で、精神科学（スピリチュアル・サイエンス）という言葉が出てくるが、この「精神」というのは、スピリットのことで、彼は、人間の高邁《こうまい》な精神というものを、この言葉に込めているのである。そして、それが、霊的なものへとつながっていくということだろう。本来、霊的なものの中心には、精神があるというのが彼の思いでもある。

シュタイナーが神智学に関係するようになったのは、一九〇〇年頃からで、神智学の講演をするようになる。そして、一九〇二年には神智学協会会員になる。しかし、神智学の主流派がインド思想に傾倒していったのに納得できず、一九一二年に神智学協会を脱退し、人智学協会を始め、指導するようになる。

もともと、シュタイナーは、神智学を学んだというよりは、その中にある本質というものを、自らの力で会得したという方が、的を射ているということかもしれない。面白いのは、人智学はシュタイナーが実質的には始めたのだが、この協会は彼が組織としての創始者ではなく、彼は指導するという立場にいたというところだろう。

この神智学とか人智学というのは学問ではない。単なる科学でもない。それは、人智学であれば、これは仕方のないことだが、シュタイナーが自らの霊的な認識力で見通したことを表現したものが中心にあるということである。だから、これは議論の対象にならない。神智学でいうと、シュタイナーにあたるのはブラヴァッキー夫人である。

神智学協会を離れたあとのシュタイナーは、教育、農業、治療といった実用的な実践のノウハウも確立させていった。教育を実践するシュタイナー学校は日本でも実践されている。

彼は近代神智学の創始者ヘレナ・P・ブラヴァッキー夫人のような霊媒ではない。ブラヴァッキー夫人は、あの世の霊的存在の協力を得て多くの本を書いたのだが、シュタイナーの場合には、彼の霊的認識力において知り得たことをベースにしている。どうも、シュタイナー自身は幼い頃から、霊的な目が開けていて、いろいろなものが見えていたようである。

後年彼は、瞑想法であるとか超感覚世界の認識をどのように獲得するのかというようなことについての書籍を出版しているが、どうも彼の門下の人たちのなかで、シュタイナーのような視野が開けた人はいなかったようである。シュタイナー自身は、この種の力は彼だけの独自のものではなく、誰でも修練を積めばできると信じていたようだが、それほど甘くはなかったようだ。

シュタイナー自身は、霊的な認識力を持っていると同時に、自然科学者の目と哲学者の論理的思考能力も持ち合わせており、文章としての表現力も持ち合わせていた。彼の思いとしては、神秘的な世界に関することを、ひとつの学問として表現したいということがあったようだ。これは半ば成功し、シュタイナーを新興宗教と思う人はいない。しかし、一方で、彼の神秘論的な部分について理解ができずに、戸惑っている人は多いかもしれない。

神秘論の部分は、内容そのものをどう受け取ればいいのかということもあるが、科学的に厳密に表現していくという彼のやり方が、彼の著作を難解なものにしているということもある。それだけ難しい世界が対象であったということだろう。

当時の神秘主義がどういうものだったのかを簡単にまとめて見ると、これは当時のブラヴァッキー夫人の著作である『シークレット・ドクトリン』という本を理解しなくてはならない。だが、これも難解な本である。読めば誰にでも分かるようには書かれていない。私にしても分かりにくいところのある本だった。霊媒のブラヴァッキー夫人という人の個性ということもあるかもしれない。もっと言うなら、何かが分かったとしても、それをどう表現するのかというところはまた別の力が必要だからである。このシークレットドクトリンには、この宇宙と人間の創生というものが登場する。

しかし、シークレット・ドクトリン自体が、今のスピリチュアルの世界観の背景にある核のひとつであるのは間違いない。この頃は、新しい時代の人類としてインディゴチルドレンということも言われているが、世界観が変わり認識力が変わらなければ、人間が変わることはない。新しいタイプの人類が生まれてくるので世の中が変わって行くという風に考えるということは、私には、どこか唯物的な発想が残っているように思えてしまう。

神智学というものに何を感じるかというと、科学というものがもたらした唯物的な考え方というものに対して、本当の世界はこうであるという世界観の提示ではないかという気がする。内容的に、単なる妄想の域を超えているところがある。

ブラヴァッキー夫人のシークレットドクトリンは、現代の神話世界を彷《ほう》彿《ふつ》とさせる内容である。だが分かりにくい。何の論証の余地もなく直観と霊示によって書かれたものだからである。シュタイナーは、この神智学的なものをベースにしているが、彼には愛を感じる。彼自身がこの神智学の提示する世界を、実際に認識する力を持ちながら、何をそこに見たのだろうか。

唯物主義というのは、私たちの魂の起源を否定する考え方であり、この考え方が間違っているのを、シュタイナー自身は分かっていたのだろう。

それは、実際に私たちを取り巻くこの世界の実相が、科学で捉えられているだけのような世界ではないということが彼には見えていたのである。

だが彼は宗教者ではない。基本的には、彼は哲学者であり、科学者であると言った方がいいだろう。スピリチュアル・サイエンスという世界を開いた人であるのは間違いない。科学的な認識と哲学的な認識の両方が入っている魂なのである。だから、なるべく彼は自分に見えていることを、科学的な言葉と枠組みで説明しようと試みているのである。それ故に場合によっては、多くの人にとって分かりやすい説明にはなっていないということかもしれない。

それと、シュタイナーに見えている世界をどう表現していくかということにおいて、その基礎となる枠組みが、この文明の中には何もなかったということもある。その枠組みも同時に作らないといけない。これはそう易しいことではない。

神智学という領域は、そのひとつのベースではあるが、しかし、それ自体が分かりやすい言葉では語られていない。下手をするとトートロジーのようなところがある。分からないことの上に、分からないことが積み重なっているようなところがある。

シュタイナーの農法は、ジャンルとしては「自然農法」あるいは、「有機農法」の中に入るのだろうが、普通の農法とは明らかに違うところがある。それは農法というだけではないからである。シュタイナーは神智学とか人智学というジャンルの人であって、こういう農業というものには、一見馴染みがなさそうな人であるが、彼はなかなか幅の広い人で、いろいろなことを手掛けている。教育や芸術や医学もその中には含まれていて、晩年にこの農業論を展開した。

この彼の農業論は、農業という形を借りて説かれた、この地球という星の上での生命論でもある。

具体的に農業というものに役に立つ、使える技術も多く残したが、彼の世界観の根本は、ひょっとすると世の中にあまり伝わっていないかもしれない。

この神智学とか人智学というのが、近世以降に発達した科学の傾向性、目に見える世界を物質的に探求していくという方向に対する、ひとつのアンチテーゼであり、時代の大きな流れの中での極をなしているところがあるのである。そういう中でシュタイナーは、神秘主義の中に科学的認識をもたらした人と言ってもいいだろう。

そういう意味ではシュタイナーは異色の人である。私の方から見た時にも親近感がある人である。彼は芸術にも秀でていて晩年には芸術活動もしていた。スイスのドルナハという町が、当時の彼の活動拠点であり、ここに人智学協会の本部が置かれていた。

多彩な彼の活動の中では、シュタイナーの教育活動が日本では一番よく知られている。人間の中にある無限の可能性は画一的な教育の中からは出てこない。今でも、シュタイナー学校は個性的な教育をしているのである。

このようなシュタイナーの活動の一環として、この農業というものへの彼の洞察がある。私は、ここに彼の単なる神秘主義ということではない、人類に対する愛を感じるのである。それにしても、シュタイナーのシュタイナーたるところは何かというと、それは、彼が霊的な意味での感覚を持っていて、自らの認識で、目に見えない世界というものについて語っていたということだろう。

これが人智学の骨格になっているのだが、こういうことは、多くの人には直接に見えない世界であり、その分、ついていけなくしているということがあるかもしれない。興味を持つことはできても、確証が得られないからである。

だが彼は、目に見えない世界がどうであるのかということについて、科学的な言葉でも語っていて、今、シュタイナーの人智学を宗教であると思う人はいないだろう。それは、彼が狭い意味での信仰を求めていなかったからである。それよりも、人間というものの可能性を強調しているのである。

これはエマーソンなどもそうであるが、神の存在と人間というものを対立させ、人間を罪の子であるとする足かせを取り除いて、この世界の中における無限の可能性を持つ存在として位置付けているということがあるからだ。そういう意味で、新しい世界観を打ち出しているところがあると言っていいだろう。

シュタイナーは、当時、多くの講義の中で、目に見えない世界の話を限りなく行った。そして、その認識の重要性を語った。病気にしても、それは、病原菌が体に入ってくるから病気になるというわけでは、必ずしも、ないからだ。人間の食料になる多くの食べ物も、目に見えない世界の多くの種類のエネルギーが働いていて、大きくなり、力を蓄えているのである。これは、生きとし生けるあらゆるものがそうである。

だから、宇宙のリズムを知るというのも大事なことである。そして、人間という意味でも、このエネルギーのダイナミクスを知るということが、人間の在り方を問う上で、重要な点になるだろう。

シュタイナーが活躍した十九世紀の末から二十世紀の初頭にかけては、現代科学が急速に進歩した時代であり、この物質世界の仕組みが明かされ始めた時代である。相対性理論や量子力学が生まれ、科学全盛の時代であった。その時代に、神智学のブラヴァッキー夫人や人智学のシュタイナーが現れて、物質主義とのバランスをとるべく活躍したということである。

一言で言うとすれば、シュタイナーは、目に見えない世界について、その枠組みを、非常に細かく語っている。大きな骨格となっていることをまとめてみると、宇宙的な各天体の持つエネルギー、生命体と小宇宙と多次元構造、大地と植物と動物、元素と霊性、人間の体の構造、アカシック（人間の創造）、カルマ論、文明の霊的進化、教育と芸術と多岐にわたる。

ここで出てくる話が、非常にとっつきにくいのは、彼の提示している世界観が、それまでの歴史の中で、あまり馴染みのなかったものであったのと、シュタイナー以外の普通の人には見えない世界であったということに起因していると思われる。

このため、その世界を説明する言葉がなかったので、シュタイナーは新しい言葉を作らねばならず、説明の仕方も独特にならざるを得なかった。それが彼の講義を難解なものにしたのだろう。

目に見えない世界の存在にも、実は次元性や固有の波動性がある。ただのぼうっとした霧のような世界ではなくて、精緻な構造があり、何階層もの階層性がある。あの世とこの世というような単純な区分けではないのである。

それと、この世にいると、理解しにくいのは、ものごとが存在するときに、偶然に何かが出来上がっていくということではなくて、何らかの力の働きの結果、形が現れるということである。原因があって、結果につながるのである。そして、これは、上から下へと起こる。

上から下へ（高次から低次へ）と世界が展開するときに、互いに断絶した不連続な表現の世界を経由する。これが次元性である。次元の異なる世界の間に作用する力は、創造力ないし「存在のエネルギーの作用力」だけである。

物質的な存在とだけ見えるものにも、実は、霊性（波動性または固有の波動・次元性）があって、エーテル性・アストラル性・霊性などの次元的階層がある。

天体的・宇宙的実体である惑星・恒星・銀河のようなものにも、エネルギー的個性が存在する。

分かりやすく言うとすれば、人間にとっての心地よさや心地悪さを表すときに使う「磁場（物理的な磁場ではない）」とか「波動」というようなものが存在していて、これが場所によっても対象となるものによっても違っていて、この違いというものが働きと関係する。ある種のエネルギーである。単に、いいか悪いかとか、強いか弱いかというようなことだけではない。例えて言うなら、色彩のようなものがあって、その色彩ごとに働きがあるというようなものである。


同じ地球の上でも、場所によっては、かなりの違いがある。もちろん、太陽系の中にある別の惑星は、この地球とは違ったエネルギーを持っている。遠く離れた銀河の中の星に比べると、惑星は近くにあるので、その影響が強かったりする。

そして、このエネルギーの種類は、惑星ごとに違いがある。これは、物質科学では検出できない力（エネルギー）であり、シュタイナーが初めて明らかにしたものである。

占いとか占星術というのは、こういう天体から来るエネルギーの周期的な変化との関係で計算するのだが、こういうものがあるということを認識できなければ、これは、単なる「おまじない」のようなものにしか見えないだろう。そして、周期は、長いものでは数万年に及ぶものもある。

この頃、スピリチュアルな界隈で言われている「水瓶座の時代」であるとか、「風の時代」であるとかというようなことも、この宇宙から来るエネルギーの変化と関係がある。

太陽系ということで言うと、惑星は、本当は12あり、それぞれの惑星が固有の役割を負っている。科学界では、惑星は8とされているが、これは、何を以って惑星というのかという定義の問題があるのと、それが見つかっているかどうかという問題があるが、本当は12ある。本当は、魂が入っているものを惑星というからだ。

シュタイナーがこの惑星の働きで言っているのは、地球よりも内側を回っている二つの内惑星（水星・金星）と外側を回っている三つの外惑星（火星・木星・土星）である。特に、木星と土星は、質量が非常に大きく影響が大きい。この物質の霊性に関わる世界をシュタイナーは明らかにした。

ここで言う霊性というのは、その物質的存在と一体化している非物質的な存在（実質）とかエネルギーのことであり、これは、私たちの魂などとは、存在の次元が異なるのである。

ただ、物質とエーテルが関係しあっているとは言っても、物質体とは無関係にエーテル性のエネルギーというのは存在するし、逆に、濃いエーテル存在を背景にしない物質の存在もあり得る。エーテルが少ない場合は、物質の生命性は薄くなる。石のようなものであっても、鉱物か結晶性のものは生命性が高い。
本当は、目に見えない世界というのは、エーテル界だけではなくて、その上には、アストラル界があり、さらに、その上には、魂的・霊的世界がある。エーテル界も、地球のまとっているエーテル界は、四層あって、これは、四元素に対応している。

水瓶座の時代であるとか、風の時代であるとかというのは何かというと、エーテルの中では空気エーテルが、そして、さらに上のアストラル的エネルギーの働きと関係しているようなところがある。これは、思いというものに、物質世界の素材が、どう反応するのかということと関係していて、この反映がより容易になる。これは、もともと、物質世界における話であって、あの世（霊的な世界）では、いずれにしても、思い通りのことが実現してしまう。人に何かを隠すというようなこともできない。しかし、この世は、一般的には、そうではない。そして、物質世界の波動は、今、極端に下がってしまっている。アセンションではなくて、ディセンションしたかのようだ。

この重さは、どこから来るのかというと、多くの人が、すべては物であり、思いによってそれを変えられるとは思っていないからである。

だから、世界そのもののエネルギー原理が、正常に働かなくなってしまったのである。人間の集団には思いの力のようなものがあり、これには価値観も含まれるが、多くの人が何を信じているのかという、その信念体系のようなものが、世界の物質の在り方に影響を与えているということである。

第二章

エーテルという非物質のエネルギーと物質の霊性

最初のバリアは目に見えるか見えないか

私たちの目に見えない世界がどうなっているのかということであるが、一言で目に見えない世界と言っても、ひとつだけではないのである。いくつもある。何種類もあると言った方が正確かもしれない。

極論を言うと、物質的世界というものはすべて目に見えているのかというと、そういうことはない。実は、よく考えてみると、肉眼では見えないものが多いのである。

光と言っても目に見えるのは、波長が可視光線と言われるものだけで、それ以外のものは目にも見えないし、感じることもできない。

物質というものも、目に見えるのは、適当な大きさのものだけで、非常に小さなものは、当然見えないし、遠くにあるものも見えないものの方が多い。

顕微鏡で拡大して見たりとか、望遠鏡で見たりとか、そういうことをすると、見えるものもある。科学はいろいろなセンサーを見つけて来たし、見えないものを見えるようにしてきた。だが、はっきり言って、まだ見えないものの方が多いだろう。

それでも、私たちは、そういう見えないものであっても、そこにそういうものがあるということを疑っていない。それはなぜかと言うと、現代の世界観の中で、「もの」というものの存在の在り方というものがいかなるものであるかという知識を共有しているからだ。そして、私たちが共有している、この世界観はどこから来ているかと言うと、それは、科学というものを背景として生み出された世界観である。

一言で言うと、科学というものが切り開いた世界観を、それを直接、目で見ることができなくても、受け入れているということである。そして、その科学を元にして生み出されている技術的なものの恩恵を受けているということで、この世界観は裏打ちされているのである。

では、生き物はどうだろうか。私たち人間にしても、動物たちにしても、植物たちにしても、生きている。この生きているということの意味が、科学ではいまひとつよく分かっていない。

生き物の体の仕組みは細かく分かってきているし、生命体として生きているということの現象面での詳細も、かなりのところまでは分かっている。代謝があり、成長があり、遺伝子という仕掛けを使って、生命活動が起こっているということは分かっている。

それはどういうことかと言うと、ひとつの機械的なメカニズムをモデルとして理解しているのである。だが、生命そのものには、はっきり言ってアプローチできていない。そこには神秘性が漂っている。

この生命というものの本質を、対極的な方向から語っているのが、シュタイナーの生命論なのである。

まず出発点が違う。生命体というのは、その生命体に重なっている生命エーテルという非物質のエネルギーの作用によって成立しているひとつの小宇宙であり、外界の非物質の世界とは一線を画していると彼は言っている。

人間と動物と植物では、非物質部分の構造に差があるのだが、この物質的な体に重なっているエーテルは、エーテル体というまとまったエネルギー体になっていて、このエネルギー体の存在が、私たちの体が生命体であることの意味でもあるということである。

この生命エーテルという存在が、その生命体を生かしている実体であり、これがなければ、体は四散してしまう。話を精密にするとすれば、エーテルというエネルギーも、ひとつのエネルギー体としての存在と、要素としてのエネルギーというものがあり、植物であれば、要素としてのエーテル（シュタイナーはこれをエーテル的エネルギーと言っている）を根から吸収して成長しているのである。

このとき吸収するエーテルは、もちろん、地球のエーテル体の中のものをもらっている。それは、地球という存在もまた生き物であり、その生き物としての体が地球なので、その奥に、地球の体を維持するためのエーテル体が存在するのである。

こういう枠組みは、植物だけでなく、動物の体も人間の体も同じであって、みな肉体の奥に、エーテル体が一体化して存在している。だから、このエーテル体というのは、肉体そのものの一部であると見ることもできる。肉体と分かれることはなく、いつも一体化しているからだ。

人間であれば、しかし、本質的なものは、魂とか霊体の方である。肉体は、この世に生まれてくるときに必要な洋服のようなものであって、この世で生きる時には不可欠なものだが、死んでしまうと、この洋服はいらなくなる。魂の方は、生まれる前から存在していて、死んだ後もなくなることはない。

こういう転生輪廻のこともシュタイナーは言っている。だから、魂の方の存在というものと、この世に生まれてくる時の肉体のことは別に考えないといけないということである。

肉体とエーテル体は一体のものだとして、魂が肉体に宿る時には、何が起こるのかと言うと、魂の方は、霊体という、これも非物質のエネルギー体の核の部分であって、このエネルギー体は、肉体やエーテル体に比べて、その存在の在り方と言うか、エネルギーとしてのモードというか、こういうことを説明するための概念が、今の文明の中に存在しないので説明が難しいのだが、敢えていうと、存在の周波数域のようなものが相当にかけ離れている。だから、そのままでは接合不可能なのである。

だからどうするかというと、エーテル体と霊体の間に、緩衝材になるようなエネルギーの層をひとつ入れることにするのである。これがアストラル体と呼ばれるエネルギー体である。

私たちの体は、肉体、エーテル体、アストラル体、霊体という四層構造になっている。

この世での人生が終わって、あの世に帰る時は、霊体が帰っていけばいいのだが、生きている間は肉体に宿らないといけないので、結構複雑な仕掛けを用意しているということだ。

ところで、植物はアストラル体を持っていない。アストラル体を持っているのは動物とか人間だけである。もちろん、地球はアストラル体を持っている。

なぜ植物がアストラル体を持っていないのかというと、それは植物の霊体が個性化して、個別の植物の体の中に宿るということがないので、アストラル体という体をまとう必要がないからだ。それと、植物は動くことがないということもある。というか、アストラル体は、植物で言うと、植物の精霊の側に付随する。

では、植物には、アストラル体は全く必要ないのだろうか。実はそんなことはない。

アストラル体としての体をまとうことはないが、アストラル体の持つエネルギーは必要としている。

だから、植物は、不特定なエネルギーとして、自らの周りにアストラル的エネルギーを引き寄せるということをする。そういう形態のアストラル的エネルギーが存在するのである。

このことによって、植物も霊体との接合をしているということである。シュタイナーは、植物の霊体についてはあまり言っていない。しかし、それは、植物が霊体を体内に宿していないということがあるからで、霊体が存在しないということではない。

多種多様な重なり合う次元性について

肉体、エーテル体、アストラル体、霊体という言葉を出したが、これに対応して、物質世界、エーテル界、アストラル界、霊界というような世界も存在する。これは、物質世界であれば、物質でできた世界であって、エーテル界ならエーテル的エネルギーでできた世界、アストラル界はアストラル的エネルギーでできた世界、霊界は霊的エネルギーでできた世界ということになる。

では、こういう世界が、全く別々に存在するのかというと、そういうことではない。それは、この世的な発想である。これらの世界は、重なり合っている。

そして、人間というような存在は、この四つの世界を貫いて存在している。ある意味で、多次元存在で、複数の次元の間に跨《また》がって存在している。これが生命の表現であるということだ。

まあ、こういう風に世界は存在するのだが、それとは別に、要素のエネルギーも、必要ならいろいろなところに存在するのである。実際に、肉体を持って生きている人間であれば、その体内に、エーテル体やアストラル体を持っているので、そういうエネルギーを持って、独自の小宇宙を作っているということになる。

これは植物にしても同じことで、やはり、植物の個体ごとに独自の小宇宙を持っている。そして、エーテル的エネルギーは、生命体内にあるが、生命体の外にもある。アストラル的エネルギーも同様である。

もうひとつ補足しておくと、人間は眠っているときは、霊体は肉体から離れてエネルギーの調整を行うが、このときはアストラル体は霊体についていき、エーテル体は肉体と共に残る。このあたりの話は、シュタイナーの医療系の講演の中に出てくる。

アストラル界とかエーテル界とか言うときに、そういう言い方をするときは、そこにそういう世界が存在していることを前提にしている。そして、そういう世界を創る時には、構成要素のエネルギーが必要だ。

こういう世界が偶然に出来上がるわけがないので、どの段階かで創られたはずである。特別に創られることもあり得るが、一番普通のケースは、地球のアストラル体であれば、それは、地球が生まれた時に創られたものである。

人間のアストラル体だと、それは、胎児に魂が宿る時点で創られる。地球の霊界とかであれば、それは、地球意識のためではなくて、地球に住む人類のためのものなので、地球という星に人類が住み始めて、その人たちが肉体から抜けて霊界に帰らないといけなくなった時点で、何段階かにわたって創られたはずである。

見方を変えて、自らが高次の空間を持っているという風に見ることもできるだろう。こういうことは、実に分かりにくい話なのだが、こういう空間と存在の関係が入り組んでいるので、古来、哲学的な思索の対象になってきたほどである。

だが、実体的なところを見ると、存在が空間を作っているというところは確かにあり、大きく言えば、この宇宙全体もそうだし、身近なところで言えば、私たち人間もそうである。

そして、地球なら地球の固有の生命体としての空間の中に、私たちの固有の空間が間借りしているようなことになっていると言えばいいだろうか。

各論になってしまうが、地球のエーテル体は、生命エーテルだけではない。大きく分けて四種類があり、生命エーテル、化学エーテル、光エーテル、熱エーテルの四つの形態のエーテルが存在し、必要に応じて使われているのである。

後の方の章で、四元素の話に関連して詳しく出てくるので、ここではあまり細かくは説明しないが、生命エーテルは土とか固体に関係し、化学エーテルには水が関係している。光エーテルには空気や気体、熱エーテルには、太陽からくる陽のエネルギーが関係する。

植物との関係で言うとすれば、光合成という作業は、化学エーテルと光エーテルが主体になって働くことで動く反応である。化学反応自体が化学エーテルの表現でもあるので、この物質的世界の化学反応による物質の変化が起こるのは、この化学エーテルの表現そのものであるということになる。

鉱物は生き物ではないかと言うと、そんなことはない。大地の地下深くにある鉱石が結晶化していくこと自体が、彼らの生命活動であり、ここでは生命エーテルが働いている。

植物なら植物というものの体の奥にエーテル体が存在するように、鉱石の結晶の奥にもエーテル体が存在していて、それは、単なる物質ではなくて、生命体を構成する小宇宙でもあるということである。

エーテルというエネルギーは、単純で均一なエネルギーではなく、それ自体が多様で個性的なエネルギーでもあり、低次のとるに足らないような存在では決してないのである。

まあ、それ故に、エーテル性の中に次元の差を見ることもできると言ってもいいかもしれない。物質の次元に変化が出てくるような時代になれば、当然、エーテルの存在の様式にも変化が訪れるだろう。

元素にはそれぞれ特有の霊的働きがある

多くの元素や物質のことも、物質的な面の働きだけでなく、スピリチュアルな面から見た時の働きが説明されているが、こういう話はシュタイナーに特有の話であって、他にこういうことを話している人はシュタイナー以前にはいない。

このために、私たちに理解の素地がないというか、はっきり言って面食らってしまうようなところがある。例えば、カルシウムならカルシウムという元素がある時に、この元素がどういうエネルギーをどこからどこへどういう風に伝えていくかということをシュタイナーは言っているが、こういうことがあるということ自体が意味不明だろうし、何のことを言っているのか意味不明かもしれないという気がする。だがシュタイナーの言わんとしていることとの奥にあるのが何なのかを見通さないといけない。これは案外と重大なことを言っているような気がするからだ。

純粋に霊的な世界のことではないのかもしれない。というよりは、物質というものの存在とその霊性ということの関係を言っているところが大事なのである。

具体的に言うと、例えば、カルシウムという物質の元素というものの持つ霊性は何かということである。そもそも物質に霊性が備わっているのか、その霊性の持つ働きは何なのかというところに踏み込まないといけない。この部分の枠組みを押さえないと、シュタイナーの言っていることは理解できないということである。

物質の持つ波動というのはある種の霊的エネルギーに共鳴することができる。実は同じ金属であっても銅と鉄はかなり違う。もちろん、一方が反磁性体で一方が強磁性体であるということとか、強度の違いとか電気伝導度の違いとか、そういう物理的な性質が違う。それに、鉄だとしても、人間の体内に入ると、ヘモグロビンの核になる元素でもある。しかしそういうことだけではない。

こういう金属であっても、それぞれに波動というものがあって、この波動が銅と鉄ではかなり違うのである。一言で言うと、鉄は非常に積極的で攻撃的な波動を持っているし、銅はとても柔らかい受容性のある波動を持っている。陰陽でいうなら、鉄は陽であり、銅は陰であると言ってもいいかもしれない。

この波動というのは、非物質的なエネルギーで表現されるもので、そういう意味では、広い意味での霊的なエネルギー波動だとも考えられるが、肉体を離れている人間の霊体を構成しているようなエネルギーとは、また別のものである。非物質的なエネルギーと言ってもいいものではあるが。

それと同じようなことがカルシウムだとかカリウムだとかリンだとか窒

素だとか珪素だとかで、それぞれの元素の持つ波動というのがある。この波動というものは、物質的なものとしては現れていない、非物質のエネルギー波動を持っているのである。これは元素において特有のもので、固有な波動なのである。

そしてシュタイナーの言っているのは、こういうことの先に、それぞれの元素の生命性というものとの関わり合いがあると言っているのである。

シュタイナーの農業講座に載っている記述によれば、それぞれの元素の霊性とか、どういうものに共鳴するとかいろいろな記述があり、基本的に各元素が霊的にもいろいろな役割を負っているということが言われている。これをどう理解すればいいかということだ。この物質と呼んでいるものの最小単位にいくとそこには素粒子があるわけだが、その上に原子という単位がある。この原子という単位で見た時にも、それはもっと高次のエネルギーが固形化したものであって、もとは高次の霊的なエネルギーである。

もっと言うと、偶然に炭素とか酸素とか水素という元素ができたわけではない。その奥に、炭素なら炭素の元素の存在のエネルギーというものがある。もちろん、各々の元素には、固有の原子核の構造があり、原子核とその周りの電子が織りなす構造体によって物質的な性質が決まっているのだと我々は思っている。

しかし、実のところは、これは順番が違っている。なぜ、炭素に炭素の性質が現れてくるのかということだ。原子核に陽子が六個と中性子が六個存在し、周囲に電子が六個存在する元素が、どうして炭素の性質を帯びることになったのかということだ。

それは、この炭素という元素の奥には、この炭素の精霊とも言うべき存在がいて、その精霊の表現として、この炭素があるということなのである。

元素に固有な霊的働きというのは、元素の奥に存在する、この元素の実在とも言える存在の働きなのである。物質としての炭素の働きだけというわけではない。他の元素も同様である。

シュタイナーが言っていることは、このメカニズムに触れているということなのだろう。ということになると、これは存外、本質的な問題であり、しっかり考えておく必要のあることのような気がするのである。

それと、どうも生命体はものすごく特別な時空を作り出しているということのようである。この小宇宙の中で特異点になるような時空である。もちろん広く考えると、地球上の生命だけが生命ではなくて、地球自身も生命体であり、この宇宙全体も生命体であるということがあるので、あらゆるところが生命体というものの中にあるのは確かだ。

しかし度合いが違うのである。植物なら植物というものの体の中という場所と、外の空中とでは、そのエネルギー磁場に格段の差があって、こういう強い生命エネルギーの磁場の中に存在する元素は、その存在の様相に違いが現れる。

科学で実験をしている時でも、組織を分離して試験管の中に入れると、細胞に栄養を与え続けて生かしても、生命エネルギーの磁場が格段に弱くなる。ただのものになって行ってしまう。生きているものをそのものずばりで見ることはできなくなるのである。

炭素の存在のミッションは霊的なものを引き寄せること!?

そういう生命体の外にある炭素有機体化合物の中の炭素元素というものが、同じ生命体内に超微量のイオウの元素が存在すると、霊的なものを引き寄せるということになる。

これにはいろいろな条件があって、まず、こういう物質群にエーテル的なエネルギーが染みわたっていなければならない。そして、ここで引き寄せる霊的なものというのは、アストラル的なものがやって来て、その上に霊的なものが来る。

まあ、そういうことはあるが、この炭素というものが霊性とマッチングがいい元素であるというのは意味のあることで、だからこそ肉体を構成する元素として選ばれているということなのだろう。もし、炭素が霊性と相性が悪かったりすると、肉体の中に宿ること自体が簡単ではないことになってしまうからだ。生命を作り出すときに、全元素の中で炭素ほど柔軟性に富む形状を生み出せる元素はなく、この炭素が霊性との相性がいいというのは、恐らく偶然ではないだろう。そういう風に創造された元素なのだろう。

炭素の存在のミッションはそういうところにあって、この世界はとてもうまくできているということだ。

もちろん、ここで「炭素元素が霊的なものを引き寄せる」とか「イオウの元素が存在する」と言われているときの、炭素元素とかイオウの元素というのは、物質としての炭素元素とかイオウの元素のことを言っているわけではない。それは、その奥にある「炭素存在」とでもいうべきエネルギー体であり、「イオウ存在」とでもいうべきエネルギー体のことを言っているのである。

まあしかし、このような元素の奥にある高次のエネルギー存在と元素自体は、一体で不可分なものとして存在しているので、これを炭素とかイオウとシュタイナーは言っているだけである。

もちろん、複数の種類の元素が結合して化合物になったり、結晶になったりするときには、複合的なエネルギーの場が出来上がる。

水という分子の場合は、水素元素と酸素元素が組み合わされて出来上がるが、元の元素の持つ性質からは想像できないようなものが出来上がっている。こういう時は、元素だけではなくて、水というものの精霊もいるのである。

水の精霊が、自分自身の表現として作り出しているのが水なのである。まさに水の精霊ウンディーネの技ということだろう。これこそが宇宙の神秘である。

話を元に戻すと、シュタイナーは「人間の本質的霊性である自我が炭素の中に生きているのと同じように、宇宙の霊性の持つ宇宙的な自我もまた、このイオウという回路を通って、形成と分解とを繰り返している炭素の中に住んでいる」と言っている。

この自我というのは、自己の本質というような意味ではないかと思われる。そして、この人間の自我が炭素元素の中に生きているなどと言われると違和感があると思うが、そういうことが言いたいわけではなくて、人間の霊体が、炭素の霊性を通して物質に接合していると言っているのである。

この時のイオウは量が重要なのではなくて、質が重要なのである。というか、ものすごく微量でいい。ホメオパシー的な量でいいので、元素自体というよりは、生命体内にあって生きているイオウの波動というかエネルギーが重要なのである。

大事なのは炭素だけではない。多くの元素がいろいろなことに関係しているということのようである。

酸素はエーテル的エネルギーと関係している

ここで、人間の呼吸ということを考えてみると、これは普通は、酸素を肺から取り入れて、それが血液で体の末端に運ばれ、そこで炭水化物に出合って、その中の炭素と結びついて、炭酸ガスになりまた体の外へと出ていくという代謝のプロセスであるが、霊的な目で見るとまた違った風に見えるということがあるのである。

まず酸素が呼吸によって私たちの中に入ってくると、そこで生きた酸素になる。私たちの外にいる酸素と、体の中を循環している酸素は同じものではない。酸素は私たちの体内では生きた酸素であり、空気として大地の中に入っていく時も、人間や動物の中にあるほどの高次の生命性はないにしても、同じように生きている。だから、地中の酸素は、地上の酸素と同じではないということだ。そして、この酸素はエーテル的なエネルギーを運んでいて、このことにもイオウの波動の介在が必要なのだが、この酸素が霊的な炭素に出合うには、窒素という元素が必要なのである。

なぜ窒素が必要かというと、窒素はアストラル的なエネルギーを運んでいて、霊的なものとエーテル的なものがある時には、霊的なものはエーテル的なものと直接くっつくことはできず、アストラル的なものが中間にこないといけないのである。だから、人間の霊体の階層構造でも、霊的なるもの、アストラル体、エーテル体という重なりになっているのと同じである。

アストラル的エネルギーが媒体として窒素を選ぶ

空気中には、四対一くらいの割合で、窒素と酸素が含まれていて、人間の場合だと肺で呼吸されるときに、酸素がヘモグロビンと共に入っていくことになるが、窒素も微量に血液中に入っていると考えられる。それに、窒素はヘモグロビンの中にも存在する。このヘモグロビンと酸素が結びつくのは、化学的な結合の親和性があるということもあるが、霊的なエネルギーのレベルでも、エーテル的エネルギーとアストラル的エネルギーの合体なのである。植物の場合だと、空気は葉の気孔の部分から入っていって、この時は、炭酸ガスが光合成の材料として一番重要であるが、酸素も代謝のために必要なので、取り入れられる。もちろん、窒素は空気中に大量に存在するので、微量の窒素も入っていくだろう。

こうして、窒素が炭素のあるところに酸素を運び、そこで炭素が酸素を捉えて二酸化炭素になり、外に運ぶのである。

植物の場合は、物質的な体とエーテル体のみで、アストラル体がない。しかし、アストラル的なものが外側から植物を包んでいなくてはならない。アストラル的なものが外側から植物に触れていないと、開花することさえできない。

この原資になる窒素の元素は空気中に存在するが、そのままではアストラル的エネルギーとしては働かない。だが、植物の放射するエーテルのエネルギーに触れると、その窒素が植物の体内に入ったのと同じようにアストラル的エネルギーを持つように変化するのである。

「窒素がアストラル的エネルギーを運ぶ」ということの解釈として、逆側から見ると、アストラル的にエネルギーが媒体として窒素を選んでいると見る方が正しいのかもしれない。というのは、窒素＝アストラル的エネルギーというわけではなく、窒素がアストラル的エネルギーのキャリアになり得るというだけだからである。だから、もちろん、アストラル的エネルギーを運んでいない窒素もいっぱいいるということである。

水素は物質からの霊性の解放に関わる

もうひとつ大事な元素がある。それは水素である。水素には、面白い働きがある。それは、水素には宇宙的な結びつきを作り出すのを助ける働きがあるのである。宇宙からくるエネルギーを受け止めるという働きをするのは珪素、特に生命体内にある珪素だが、生命体内にある水素は、霊性の解放という働きをする。

　これがどういう局面で起こるかというと、肉体の放棄をしたいとき、すなわち死を選んで肉体を離れ、新しい肉体を自らの表現として選択したくなったときには、現状の物質的表現をリセットする必要が出てくる。極論をいうと、生きたままであっても、リンゴならリンゴという生き方を止めて新たな生き方を模索したいときにはどうするかということだ。

　こういう時には、炭素に合体している霊性は、今度は、またイオウのエネルギーの助けを借りて水素にアプローチし、すべての体の表現に関する構造を捨てて、構造を持っていなかった元の状態、すなわち宇宙の混沌の中へと入っていく。

このように霊性の解放のために働く水素は、非常に霊的な性格と、非常に物質的な性格の両方を持っている物質なのである。こういうことをするときは、上位の霊的存在の下にアストラル的なエネルギーと物質的な体というものがあって、それをも解かないといけないが、それをするときの宇宙とこの世界の間をつなぐ通路を作ると言ってもいいかもしれない。そのために水素は、霊的な性格と物質的な性格の両方を持っているのである。もちろん、こういうときの水素は、物質的な水素の奥にある水素存在とも言うべきもののことである。

『水素は、なんらかの意味で姿形や生命を持っているアストラル的な存在を再び広大な宇宙の中へと連れ戻り、それが宇宙から受け取られうるようにするのである。水素は一切を解消するのである』とシュタイナーは言っているが、本当に宇宙のどこかに何かが運ばれるわけではない。これは霊的な世界の話で、一瞬にして空間的時間的な次元の接続が起こるという意味である。

生命ということでいうと、このアルファをオメガの役割をするのが水素なのである。新しい創造、新しい生命の誕生に必要なひとつのステップとしての終焉の役割を果たすのである。ひとつの種子が作られ、そこから生命が生まれるに起こることの可能性をこのことは言っているのである。

窒素のもつ霊性とは瞑想の原理にある

面白いことに、シュタイナーは農業講座の中でも、瞑想というものの原理について触れている。これは、瞑想というものについて語られたものの中では、独自の角度からのものであり、とても興味深い。彼は、元素の霊性ということの延長線上に瞑想を捉えているのである。

普通、瞑想と言うと、みなさんは何を頭に思い浮かべるだろうか。座禅をして、無念無想の境地に至ることだろうか。

シュタイナー自身が、幼い頃から霊的な認識が開けていたということもあり、彼は、霊的な認識のことを、「超感覚的認識」と呼んでいる。そして、この超感覚的認識の力をどうすれば獲得できるかということをテーマにした本も書いているくらいである。

このことからも、シュタイナーは、この世ならざるものが見えたり、見えなかったりするというようなことではなくて、いかにそういう世界を認識するのかということに重点を置いているかということが分かるということである。

だが、農業講座の中に出てくるのはそういう話ではない。ここで問題になっているのは、窒素という元素である。先に出てきたように、窒素はアストラル的エネルギーを運ぶ媒体になる元素であるが、この元素が生命体の中に入ると、感受性を持つというのである。生命体の中に入ると、死んでいた状態の元素が生き返る。生きた状態になる。そして、生きた状態の窒素には、いろいろなことを感じる力がある。

実は、炭素は霊性に関する元素で、炭素というのは、体の物質的な構成要素である有機物の主要な構成要素で、糖とかセルロースとか、蛋白とか、そういうものはすべて、炭素化合物であり、肉体の主要な元素そのものであって、この元素が、「霊性」を引き寄せる働きをするとシュタイナーは言っている。

この「霊性」というのは、人間の霊体である霊的エネルギーとしての実体と言うといいだろうか。一方、窒素は、人間の思いの次元と関係する。シュタイナーは、だから、窒素が人間の心的中核と関係すると言っている。

霊的な観点でみると、炭素と窒素は人間の霊的な構造体と、その活動に関係するのである。

瞑想というのは、人間の思いの延長線上に投影されるものなので、その意味では、アストラル体での活動であり、それ故に、心魂の活動が窒素存在の働きと同化していると言っても間違いではないだろう。簡単に言ってしまうと、心魂というのは、魂の核の部分のことである。

外にアンテナを張っていろいろなことを感じる、要するにいろいろなことを教えてくれるのが窒素である。例えば、この自然という世界の中でのバランスがとれているのかどうかを感じる力を窒素の霊性は持っていて、それが人間の思いに伝わってくるのである。これが瞑想であるとシュタイナーは言っているのである。

アストラル的エネルギーというのは、もともと、その世界の中のバランスや調和を保持しようとする働きがある。動的なバランスも含まれるのでリズムというのもこのエネルギーの属性の中にある。だから、自分が存在しているる世界のバランスがとれているかどうかに非常に敏感なのである。擬人的な言葉で言うと、バランスがとれているかどうかを敏感に感じ取るのである。大自然がいかにあるべきかを、体感として知っていると言ってもいいだろう。だから、体内の窒素を通して、アストラル性につながると、周りの農場のあるべき姿というものが手に取るように分かるのである。

なぜ生命体の中に入った元素は生命を持つのか？

これは、本質的であって、非常に重要なことである。シュタイナーは、このことについては何も言っていないが、元素に内在する霊性は単体では働かないということで、受動的なエレメントということなのだろう。それが、ひとつの生命体のエネルギーの場の中に入ると、アクティブになる。

その生命体の中の一部として動き出すということだ。

この生命体の持つエネルギーの場というのは何かと言うと、ひとつの自律性を持った整合性のある存在のエネルギーの場なのであり、その場の中に存在する要素である存在を、まとめて、生命として表現していこうとする力を持っているのである。

エーテルの中では、その中心にあるのは熱エーテルだが、その上にアストラル性が存在する。こういう生命体の中に内在している力は、根源的には、上位の次元からくるのだが、それだけではなくて、その生命体が表現されている次元の世界にも、必要な量のエネルギーが維持されている。それ故に、自立して自律的に生きていくことができるのである。

これを生命エネルギーと呼ぶのである。

広い意味では、霊的エネルギーというのも、同じような枠組みを持っているが、表現の次元が同じではないので、分けておいた方が分かりやすいだろう。もちろん、すべての存在の出所は同じなので、本質において違いがあるわけではない。

第三章

地球上の生命と惑星のエネルギーの基本的関係

宇宙的な力（地球、太陽、月、内惑星、外惑星、銀河）

まず宇宙的な力という言葉が出てくる。これはシュタイナー農法に出てくる特有の概念で、今は失われた知識に属するものかもしれない。シュタイナーがこの講義の中の質疑応答のところで語っているように、「アトランティス文明の時代にはこの種のことは当たり前に使われていたが、この文明の後期に属する時代に、相当ひどい悪用がなされ、その結果大変に悲劇的な終末が生じた」とある。

だからシュタイナーを信頼するなら、こういう話は、決して架空の話ではないということだろう。ここで言われている力というのは、星の間で働いている引力だけではないということを意味しているのである。今の私たちには、引力以外では、太陽からやってくる光や電磁波や放射線などがあるが、こういうものだけではないということだ。星というものが、生命体に対して影響を与えるエネルギーを及ぼし合っているということを言っているのである。

特に地球上に生きる植物の受ける影響ということになると、それは、まずこの地球というものの影響を大地を通して受け取る部分が最も大きいが、太陽、月、そして地球より内側の軌道を回っている内惑星（水星と金星）、外を回っている外惑星（火星と木星と土星）、それに恒星がある。

恒星は星座で見ているので、これは、太陽系が銀河のどの方向から影響を受けるかを十二に分割して整理したということになる。どういうエネルギーかということになると、これはもちろん物質的なエネルギーではなく、高い次元の霊的エネルギーというわけでもなくて、それぞれの星の生命体としてのエネルギーであると考えるのが自然だろう。

その星の霊体とか魂の次元ではなくて、その星が表現している星の肉体としての表現、すなわち星の物質部分とその奥にある生命エネルギーを合わせたものと言ったらいいだろうか。

そういう存在から放射されて、この地球に届いているエネルギーがあるということを意味している。そういうエネルギーがそれぞれの星で、エネルギーの種類が違っていて、太陽系であれば、太陽の周りを回っている惑星それぞれが固有のエネルギーを持っているということだ。そのエネルギーを受け取って、どう使うかということなのだ。

そういう意味では、太陽系の惑星もそれぞれに魂が入っていて個性を持っている。この惑星の個性を知らなくてはならないが、とりあえず、シュタイナーに従えば、影響が大きいのは地球の近くにある五つの惑星である。それと衛星の月、もちろん太陽は別格である。

簡単に作用をまとめると、二つの内惑星と月はカルシウムを媒介にしてエネルギーを大地に伝えてくる。外惑星のエネルギーは、珪素を媒介にして伝えられる。特に月は水を通して生命エネルギーを送ってくる。

こういう枠組みで考えないといけない。ここでは、こういう地球上の大地やあるいは植物を構成する元素というものも、物質としての役割ととともに、生命体に対する固有の働きがあるということが指摘されている。特に問題なのは、カルシウムとか珪素とか言っても、無機物のカルシウムや珪素は働いてくれないのだそうで、生命体内に取り込まれているものしか働かない。

だから、カルシウムであるとか珪素であるとかそういうものを大地に転化したいときは、生き物の中に取り込ませたものでないといけない。そういう意味で、カルシウムを多く含んでいる植物とか、ケイ酸を多く含んでいる植物とか、他のものでもそうだが、いろいろな植物を使うという方法が出てくる。

シュタイナーは、植物に非常に大きな働きがある元素として珪素と石灰

（カルシウムなど）をあげている。ただし珪素といっても、石の成分の二酸化珪素ではなくて、水に溶けるケイ酸である。水溶性ケイ酸ということもある。このケイ酸は、自然の水の中には微量に溶けていて、多くの植物はこのケイ酸を好んで吸収することが今では知られている。

カルシウムの方は石灰と呼ばれる物質である。カルシウム単体と、カリウムやナトリウムも合わせて、農業講座の中では石灰分と呼んでいる。この珪素と石灰分は働きに相当違いがあり、植物に与える影響という意味では、最も重要な二極構造を作っているものである。

簡単に言うと、石灰分の方は、その植物の基本的な生命活動に関与していて、珪素の方はより高次部分、すなわち、その植物が食べ物としてのエネルギー源となって他の生き物のために役立って行く部分に働くのである。

働くとは言っても、ここで働くと言っているのは、この石灰分とか珪素の物質的な働きのことではない。もちろん、物質的な働きは、物質的な働きとしてあって、それはそれで働いているのだが、それとは別の次元のことがあるのであるということを言っているのである。

それは、ある種のエネルギーが生命体に対して惑星から送られてくるのを中継するということなのである。シュタイナーに出てくる外惑星というのは、火星、木星、土星の三つの惑星である。火星の公転周期は六八七日なので約一・九年、木星は十二年、土星は二十九年である。公転半径は、楕円の長軸側で地球を一として、火星が一・五、木星が五・二、土星が九・六である。火星は比較的近くにあるが、木星と土星はかなり遠くにある。火星と木星の間が開いているのは、昔この位置には惑星がもうひとつ存在していたが、何らかの原因で爆発したのではという話がある。

いずれにしても、シュタイナーはこの外惑星というものが放つエネルギーが地球の植物に与える影響に言及している。

この外惑星からのエネルギーは、先ほどの話の中の珪素に共鳴する。正確には珪素の酸化物である石とか砂である。地球の内部に大量にある岩石系の物質で、このエネルギーが受け止められるのである。

珪素に対する通路はもうひとつあり、それが水溶性のケイ酸である。水溶性のケイ酸は、植物の内部にも取り込まれているので、この水溶性ケイ酸を媒介にして入ってくる外惑星のエネルギーは、その植物の生命活動にそのまま影響を与えることになる。地中の奥深くに届いた方のエネルギーはどうなるかというと、それは、また別の経路で地上の方にゆっくり上がってくるのである。

石灰分に働くのは、内惑星である水星とか金星である。実は月もこの内惑星と同じように働く。この内惑星からのエネルギーは、地中には入らない。これは地上部で働く。それも石灰分がなくてはならない。

もうひとつ重要なことは、先ほどのケイ酸もそうだが、この石灰分も植物に取り込まれている石灰分にのみ内惑星からのエネルギーが反応する。

だから生命体内の石灰分は生きているという風に見ることができる。ケイ酸にも同じようなところがある。

先にも述べたように、石灰分はその植物自身の生命活動に関係するので、石灰分が不足すると、内惑星や月からのエネルギーが十分に受け止められなくなって、元気を失い、病気になりやすくなる。ここで気を付けないといけないことは、この植物体内の石灰分の状態である。

これが十分に「生きた石灰分」になっていないといけない。生きているということに度合いがあるということなのだ。そして、この部分が分かりにくいかもしれないが、生きている度合いの高い石灰分というのがわずかにでもあるということが意味を持つのである。この意味では、量の問題ではない。それと石灰分という時は、カルシウムだけのことを言っているのではなく、カリウムやナトリウムなどを包括的に含んでいる分類である。カルシウムやカリウムやナトリウムというものにも、絶妙なバランスがある。

大地の構造と植物、「発生における根源的原理」について

地球の大地というのは、人間とは上下が逆さまになっていて、頭の方が地中深くにあるということのようだ。

人間の体で言うと、横隔膜というのが胸の下あたりにあり、ここより上にある臓器は肺とか心臓とか頭である。横隔膜より下には内臓がある。大地というのは地表面が横隔膜にあたっていて、地表より上が内臓にあたっているのだそうである。

こういうことを言っているのはシュタイナーだけかもしれない。我々に見える植物の葉であるとか花であるとかは、大地という意味では腹の中にその姿を展開しているのだそうである。そして、この地中の頭の部分というのが、外惑星からやってくるエネルギーに共鳴する。

こういうモデルには私たちは慣れていないので、最初は何が言いたいのかさっぱり分からないかもしれない。したがって、この地球というものも地球意識と言われるような巨大な魂の体であり、その体の上に私たちはみな住んでいるというような構造的な説明に入らないといけないことになるだろう。

地球というものを、魂としての地球の体として捉えるとしても、今の物理学が見ているような世界ではないのである。そういう物理的な構造以外に、肉体というものを包む霊体としての構造というものの在り方に踏み込んでいるということである。

物質的には、地球の核の方は、いまだに高温で溶けていて地表付近ではマグマが火山から噴きあがっているようなところもあり、また別の見方をすればそういうものも自然霊の力で出来上がっているということもある。

まあ、ひとつの富士山なら富士山という山があれば、そこには富士山の精霊もいるのである。今はこういう自然の上に植物が繁茂するという時に、その植物と地球の大地の関係がどうなっているのかを知りたいということなのである。

地球のどこにアストラル体があるのかというような話をするときには、地球の霊体としての構造と物質としての構造をはっきりさせておかなければならないだろう。というのは、アストラル体というのは、霊体の構造を表す用語であって、物質的なことを言っているのではないからだ。

頭と腹というのは、ひとつの例えであって、人間の場合には、もちろん肉体はエーテル体に包まれていて、この奥にさらにアストラル体がある。ただ、機能的に見て、人間の肉体も、頭より腹の方が、より生理的に生きていくということに近い部分で、横隔膜から下の方が、より低次の役割を担っているというだけである。頭とか腹というのと、アストラル的であるとかエーテル的というのはまた違った見方であるところもある。

植物の体というのは、大地の体としての構造を映しているようなところがあって、頭にあたる部分が根の方で、地上の上の方に腹部にあたる部分がくる。人間で言うと、口から食べたり飲んだりするが、植物は根から水や栄養を吸い上げる。花とか実は、植物の生殖器なので、こういう風に見立てると、整合性が見えるだろう。

人間は、もう一度まとめておくと、頭が上にあり、腹部は下の方についていて垂直に立っている。この意味では、大地や植物とは、百八十度回転した構造になっている。ちなみに、人間以外の動物はどうかというと、多くの哺乳動物に代表されるようなものを見ると分かるように、構造が、植物と人間の中間の形をしているのが分かる。頭部から下腹部に至る位置関係が横になっているのである。なぜこういうことになっているのかと言うと、これには人間の持つ自由性の度合いが現れていて、環境としての大地とか大自然というものから、エネルギー的に独立して存在できるような構造を持っているということなのである。

これはシュタイナーも言っていることだが、頭の部分が、地球から宇宙の方に向かって近づいていこうとしているということでもあって、そういうことを目指して創られているということなのだろう。


シュタイナーは農業に関する講義の中で、植物にとどまらない「発生における根源的原理」について触れている。それは、受精卵とか種子が初期の胚を形成する頃に、ひとつの細胞から細胞分裂を繰り返し、多くの複雑な蛋白質とか、そういう物質が作られていく頃に、構造化の限界に遭遇し、全体が一度混沌（カオス）に戻る時期があり、この時に、宇宙の構造が映されるとシュタイナーは言っている。

どうも宇宙的な力と地球的な力の間でのせめぎあいが起こるようで、宇宙的な力は、この生命の新しい段階において、「自らの似姿」を構造として映し出そうとするが、地球的な力は、むしろ現状維持の中で次の生命を作り出そうとする。こういう言い方では、何を言っているのかいまひとつ分からないかもしれない。

私の認識では、宇宙的な力というのは、ものにとらわれない自由なものであって、「自らの似姿」というのは「宇宙の根源にある生命体のテンプレートのようなものではないかと思う。どのようなものにでも姿を変えることのできる生命の根源的な型である。

地球的な力はこれに対してすでに地球の磁場の中で発生して生きてきたエネルギー体を維持しようとする力である。この力は安定をもたらす力である。一度カオスに戻っても、わずかでも地球的な力が強く働けば、現状の形が現れてきやすい。だから、タンポポの種からはタンポポが生えてくるのである。だが、それはその種子を作った親の生命体の形がそのまま継続されるということではなくて、そこに不連続点があるということを意味している。

地球的な力というのは、その親の持つ生命の構造に関する情報を新しい発生の過程で現れた混沌世界の中に映しているということで、そこに切断点があるということに変わりはない。まさに、禅で言う『前後裁断』そのものだ。

シュタイナーは農業講座の中で、こういうことをさりげなく言っているが、これはものすごいことである。私が長年抱いていた疑問のひとつに彼が時空を超えて答えてくれたような観がある。

こういうことがあるので、種子を一年の内のどの時期に蒔くのがいいのかというようなことがあるのである。こういう宇宙の力は、惑星からくる部分もあるが、もっと遠い星からやってくるものもあって、それは地球が銀河のどの方向を向いているかということと惑星の配置で決まるのである。

これを星占いのような安易なものと考えてはいけない。ただ今の時代は、こういうことに関する知識がすべて失われてしまっているので、私たちはその意味が理解できないのである。それが現代が「暗黒の時代である」と言われる所以かもしれない。

シュタイナーによると、このカリ・ユガ（暗黒の時代）がやがて終結し、自然の内部に大変化が起きるそうである。そうなると、これまで自然というものの中から得られていた知識が一度リセットされるので、根本原理に立ち戻って新たに知識を再構築しないといけなくなるのだそうだ。これはアセンションのことを言っているのかもしれない。

宇宙の奥にいる存在が望んでいる⁉　突然変異の真の意味とは⁉

よくよく考えてみると、この混沌の小宇宙に宇宙の似姿を映し出すということが、突然変異の正体であるような気がする。宇宙の似姿を映し出すということが具体的に何を意味するのかというのは、この生命体の魂の中にある思いを投影するということに他ならない。
魂というものは、本来、孤立したエネルギー体ではなく、大宇宙の存在のエネルギーの分身のようなところがあって、つながっているのである。だから、その魂が宇宙からくるエネルギーの助けを借りて、その思いを自らの未来の体のテンプレートとしてカオスの中に映し出すのである。だから、一種の創造が行われるということである。

この時に、それまで連綿と使ってきた体の構造とは違うものを映し出せば、それは、この世界の中でだけ見ると、「突然変異」が起こったように見えるだけである。

実はこういうことは、受精卵や種子の初期の発生の時に起こるだけではなくて、個体発生の重要な節目のところでも起こっていることである。蝶が青虫から蛹《さなぎ》になる時、その中では不連続的な変化が起こる。蛹の中では一種のカオスが作り出されて、次の形態が映し出されるのである。人間の受精卵が胎児に向かって成長する時にも、途中の段階で不連続的な発生の変異が起こっているのはよく知られていることだ。植物においても、種から芽と根が出た後に、いくつかの段階を経て大人の形態へと成長していくが、変異点があり、そういうところでは、ある種のカオスが使われている。

もしも植物たちが、この地球であったとしても非常に厳しい過酷な環境というものに出会ったらどうなるのか。多くの種は、その時にその環境に耐えることができず、枯れていくかもしれない。

だがこの時に、この過酷な環境にでも適応して生きていきたいと思う植物がいたらどうなるだろうか。植物にも魂がある。意志というものを持っている存在である。そういう時には、宇宙から来る力というものを借りるのである。

特定の惑星の周期の時にそういう革新のエネルギーが強まる時があり、その植物がそういうエネルギーを受け取ると、新しい環境に耐えていけるように進化していくのである。

そういう力をどのような植物ももともと持っているが、その力を発現するのを手伝ってくれる、手助けしてくれるエネルギーというのが宇宙からやってくるということである。

これは、一言で言うと、既存の形態を維持し続けようとする力と、新しい革新へ導こうとする力の、この二つがあるということである。

それをシュタイナーは、地球的な力と宇宙的な力という言葉で表現している。

これはどういうことかというと、この世界は静的な調和の世界だけではないと言っているのである。言ってみれば「動的な調和」の世界なのである。ダイナミクスをどう生み出していくかということで、人間社会の事例で言うと「仲良しクラブ」で満足していると、発展がなくなるということである。何が動的調和なのかというと、もちろん原則として決まっている形を安定に維持していくという枠組みは重要である。桜の木が桜の木であり続け、リンゴの木がリンゴの木であり続けるということだ。これがなければこの世は成り立たない。

しかし、これだけでは弱いのである。変化していく世界に対して適応していける無限の可能性というものをバックにしなければ、進化は起こり得ない。進化が起こらないばかりではなくて、逆に停滞を招き、場合によっては絶滅してしまう可能性もある。

だから宇宙的な力の働きが重要なのである。宇宙的な力というのは、根源的なレベルでの変化ということを刺激するからだ。変化が根源的レベルに及んでいなければ、それは単なるバリエーションでしかないかもしれないし、ごみを生み出すような変化では意味がない。根源的変化というのは、その生き物にとっての生きる目的が変化するようなレベルの変化である。

これは植物であったとしても同じである。そしてそれはその植物の魂がどうなりたいのか、何を目指したいのかという存在の意味に対する問いかけでもある。そしてそういう変化を、この宇宙の奥にいる存在は望んでいるということである。

生命体の基本的な枠組みを維持する地球の母星としての働き

地球的な力は、生命体を同じように維持し続けようとする力で、安定志向なのである。生命を育んでいくような母性的なところがある。

これに対して、宇宙的な力は、変化を生み出そうとするエネルギーを含んでいる。これは、地球と太陽系の惑星たちとの関係でも成り立つし、太陽系と銀河系のようなものの間の関係でも成り立つ。銀河と大宇宙との関係というのもある。もちろん、地球上の生き物というのも、宇宙に存在する星々からの直接の影響というのもある。

だがまずは、自らの存在を安定的に守り維持するというのは、生命体としての、ひとつの基本であり、これを維持するということができなければ、生命体としての自律的な一貫性が失われてしまう。空中分解して、四散してしまうだろう。

だから、私たちは、この地球という母性の力の中に存在することで、生命の基本的な枠組みを保持しているのである。そして、その上に、変化というものがやってくるのである。

シュタイナーが太古と言っている時代がどのくらい過去のことかは明確に言われていないのでよく分からないが、『太古にあっては、人間はある種の植物を別の植物にたやすく変化させることができた』と言っている。

この記述からすると、これは原始時代などではなく、歴史には残っていないが、かなり高度な文明があった時代で、アトランティスも、そのひとつであったかもしれない。

それとこういうことは誰にでもできたわけではなくて、そういうことができる特別な力を持つ人たちが存在したということだろう。アトランティスの記述は出てくるが、太古とは言っていない。『太古の本能的根源的智慧に由来するものを持っていた時代に、すでに現在の果物の種類の原型が作り出され、それが伝承されてきた』だから今私たちの身の回りには多くの果物があるということらしい。

こういう智慧をもう一度復活させなくては、未来の農業は本当の意味ではあり得ないかもしれない。これは植物が変わって行くということにおいて、人間が手助けしてやることができるということを示唆している。

こうなると、どうやって果物のいろいろの種類の原型を作り出すことができたのかということになる。よくよく考えてみると、すでにいくつかのことが言われていて、ひとつは、発生の初期におけるカオス世界である。

このカオス世界に、宇宙の似姿が映される時というのが、植物が姿を変えられるチャンスに違いない。

果樹の場合であれば、ケイ酸だけでできている砂の中に種を蒔いて、木星が上昇してきてエネルギーが最大になった時に、その種にどうしたらいいのかを伝えればいいのだろうと思う。

ある種の果樹は、種を植えて実生で育てた時に、変種になっていってしまうということが知られていて、例えばリンゴの木もそうである。この地球上には、非常に多くのリンゴの変種が存在する。まあだから、これはと思う品種は挿し木や接ぎ木にして増やしているのである。こういう性質を別の角度から見ると、リンゴの木は、宇宙のエネルギーを受けやすい木なのかもしれないということになるだろう。

変種が多いのはプラムなどもそうで、桜の木も実生で植えれば、変わっていってしまう。だから植物が自分で変わっていくというのは、荒唐無稽の話ではないのかもしれない。

そもそもこういう話になってくると、新しい品種を作るのに遺伝子をいじるのは邪道以外の何物でもないことが分かる。生命というものに的確な洞察と知識のないまま遺伝子だけをいじると、奇異なものが知らぬ間に出来上がっていくという危険をはらんでいる。安易にやっていいことではない。一粒の種といえども、それは物ではないのである。

植物にも魂があって、その魂の承諾なしに体をいじるということの倫理的な面もあるが、それ以上に生物の発生のメカニズムの中にある、まだ私たちが知らないことが深く関連し合っている可能性があり、その中のひとつだけをいじれば、不整合が生じるのではないかと思うからだ。

それに、新しい形態の植物が必要なら、そういう植物というものに変化していく力が、そもそもすべての植物には備わっているということがある。そういうことを、どうやって手伝ったり、助けてあげるのかというのが科学の立場としてあるだろうが、遺伝子をＤＮＡのレベルで変更してしまうというのは、ある種、強引で野蛮なやり方のように思えてしまうのである。

強引というだけではなくて、グロテスクなこととも言った方がいいかもしれない。私たちの自然界というか、宇宙の中には、調和ということを維持する力が、ひとつの摂理として働いていて、そういうバランスというものを捻《ね》じ曲げることに、結果的にはつながっていくからである。

赤い美しいバラの花の色と火星のエネルギーが関連している

そこに赤い美しいバラの花が咲いていたとしよう。このバラのエネルギーはどこから来るのだろうか。もちろん植物としてのバラの木が芽を出し成長するということにおいて、地球自身のエネルギーに月のエネルギーと水星や金星のエネルギーが働いているということがある。こういう花というものも生命の枠組みのエネルギーがなければ形を成さない。

しかし、それだけでは、バラの花としての魅力的なバラの花たるものが出てこないのである。美の味付けをするのは、赤い花の場合は火星のエネルギーである。火星のエネルギーが働いて初めて、美しい形であり、彩りが表現される。例えば、私がよく行く「ねむの木の庭」に咲いていたプリンセス・ミチコというバラの花がある。このバラの色は赤に少し黄色が入っているが、基本的には火星だろう。


リンゴの木の場合は、木星のエネルギーに反応する。木星のエネルギーというのは、花でいうと白と黄色が担当である。リンゴの花の場合は、ほぼ白色の花で、こういう色が典型的な木星である。

ひまわりというのも太陽の花と思われているが、実は木星の花なのである。菜の花もそうだ。バラでいうと、黄色いバラがこの仲間である。リンゴという木は、実は花だけではなくて木全体が木星のエネルギーに反応するのである。桜もこのタイプだと思っていいだろう。リンゴの場合は、実の中は白であり、白い実は木星なのである。

花の中のもうひとつの色は青である。青い花が反応するのは、今度は土星のエネルギーだ。青い花というのは、日本だと菖蒲であるとかアジサイ、西洋のジャーマンアイリスなども青が基調である。

私の好きなイヌフグリは雑草ではありながら、雑草と思わせないような格調に満ちているように思うのである。こういう色の違いは、単なる色彩の上での美しさというものを超えて表しているエネルギーの種類が違うのである。

青は私の好みの色のひとつであるが、やはりごちゃごちゃしたものを突き抜けていくような、ものごとを明快にしていくような力というものがある。このイヌフグリの花は、私には妙に存在感を与える花であり、とても光を放っているのだ。もちろん、アイリスも好みの花のひとつである。

こういう花というものは、植物にとっては非常に重要な表現であって、単に生殖のために昆虫たちを呼び寄せるという功利的な手段として使っているだけのものではないのである。もちろん、そういう目的もあるが、それだけではない。それは、植物をひとつの生命体として見た時に、生きるということのひとつの成果となるものであって、そのエネルギー表現なのである。

花が咲いて、種ができていくプロセスは、私たちが理解している以上の、大きなインパクトのあることなのである。一年生の植物であれば、種を残して枯れてしまい、種から新しい生命が再生してくるが、このサイクル自身の中に、宇宙の摂理を反映しているということがある。

そういう中で、どれだけの高いエネルギーに満ちた花を咲かせることができたかというところに、その植物の存在としての最終的な意味を込めているのである。単なる成長という以上のことを意味しているのである。そして、私たちは、その美しさを通して、その意味を知ることができるのである。

生命を生み出す水と生命を消す火

水と火というのは対極的な位置にあって、生命というものにとっては「水」はアルファであり、「火」はオメガであるという風に見ることもできるだろう。

五行の中での循環では、「木火土金水」の順番にエネルギーが流れ、水から木が生じて木から火に転じるというのは、ちょうど植物においてのアルファとオメガが水と火であるということを象徴している。そして「水」と「火」は対立した位置にある。五行というのは、存外迷信ではなくて、真理を言い当てているのかもしれないところがあるのだ。

水というのは酸素と水素の化合物ではあるが、化合物であることを超えて「水」というアイデンティティの方が強い物質である。そしてこの水に共鳴するエネルギーがある。生命エネルギーの原初的なエネルギーで、そのエネルギーは、多くをもちろん地球が供給しているが、月からくるエネルギーもある。

実は生命エネルギーと言っても単色ではない。いろいろな働きをする原初的な生命エネルギーというものがあって、地球のエネルギーだけでは、十分なダイナミズムが生み出せないところがあるので、月は、この地球のエネルギーに欠けているものを与えてくれるのである。

内惑星である水星や金星のエネルギーというものもバランスを取るうえで大事な要素となる。こういう月とか水星や金星のエネルギーというのは、カルシウムという元素によって仲介されて土の中に入っていくとシュタイナーは言っている。

そしてこれが水の中にも蓄積されることになる。それと、同じ元素でも生命体の中にある時と外にある時では波動が異なる。土の中にある時も、無機物として存在している時と、微生物の中に取り込まれている時は同じではないということである。同じように、生命体の中にある水と、外の自然界にある水でも、その波動がかなり違うのである。

もしある所に一本のリンゴの木が生えていたとして、その木の中にある水と、外の畑の中の水、あるいは用水路や川を流れている水というのは、状態が相当に違うということだ。

木の内部の水は、もはやリンゴの木の生命の一部である。土壌の中の水は、その土というものも、ある意味ではひとつの生命体であり、その生命のエネルギーが映されている。

用水を流れている水でさえ、単なる無機物の水ではない。自然界の中にある水は、それがどこにあるかでその様式に違いがあるが、それぞれの場所で生命の営みの一部となって生きていると見た方がいいだろう。
そういうものに、いろいろなエネルギーが共鳴して、とても精妙で複雑な色とりどりのエネルギーを作り出すのである。

火というのは水とは対極的な存在である。そしてエネルギーも対極的だ。どのような生物も、その物質としての肉体を火で焼かれると、完全に生命を失い、無機的な存在に戻る。そしてその生命を失ったという履歴がある種の記憶として魂の中に残るが、その灰の中にも残る。
そういう世界の中で種というものが意味するものは再生であり、生命の核がその中に凝縮されている。本来、種というものはアルファなのである。その種が火で焼かれるということがあると、何が起こるであろうか？

シュタイナーが雑草を封じる方法としてあげているのは、その地で雑草を成長させ、その種を採って焼き、その灰を撒くことだ。この灰の量はホメオパシー的な量でいいと彼は言っているが、これは灰が物質として作用するのではないことを意味している。灰の含んでいる波動というものが、その土地にいきわたる時に、その雑草はその地に生えてくることを好まなくなるということである。非常に微量でも、強い作用を持っているということがあるということだ。

もっとも、これをやる人が『そのようなことなどあるはずがない』と思いながら、灰を作りそれを撒けばどうなるかというと、その効果は薄まる。なぜなら、その人の思いにもそれだけの強い波動を生み出す力があるのである。

こういうことは決して悪用してはならないし、本来であれば、その地の自然霊の許可がいる。それは、本来的にいうと、人間の恣意だけでやっていいことではないかもしれないところがあるからだ。雑草というものにも役目があってそこに生えているということがあるのは間違いないからである。

極論すると、悪意を持ってこれを行えば、反作用を招く可能性があるということである。

例えば、同じ原理を使って穀物の種子を焼き、その灰を敵の畑に撒けば、その畑の穀物が実りにくくなる。ほとんど魔術を掛け合っているように見えてしまうかもしれないところがある。それに、雑草というのは、その多くは実は薬草の仲間であったりもする。汚れた大地を浄化する強い力を持っているのも彼らである。だから決していらない草ではない。ある種の雑草が畑の隅に生えていれば、その草が作物を病気から守ってくれたりということもある。何も知らなくて、我々人間が彼らを根絶やしにしようとしているということだろう。古代にあった智慧を私たちが失ってしまったということかもしれない。

水と火、浄化の力とその働き方の違い

水にも火にも、ある意味浄化の力があるのだが、その働き方が違うのである。そして植物にも浄化の力がある。海の中に生きているある種の生物にも浄化の力が与えられている。水ということで言うと、水にもいろいろな状態があり、浄化ということで働く水は、生きている水である。

こういう水がどこにあるかというと、それは誰もが想像する通り大自然の中にある。それは山間を流れる水であり、大洋にある水だ。だが、人間が活動するところにある水は、その多くが生きた水には見えない。人間にとっては、世界規模で言うと、水は量も足りないし、水の状態もはっきり言って良くない。浄化の力を失っているというような生易しい状況ではなくて、相当程度に汚染されているのである。

こういうことは農業の現場でも起こっているし、工業の現場もそうである。やはり化学肥料や農薬による汚染は無視できないレベルにある。日本は、単位面積当たりで使われる化学肥料の量が世界一なのである。

人間の生活排水もすごい。日本ということで言うと、もちろん戦後の高度成長の時期に比べると、排水処理が進んで、一時のように毒が垂れ流される割合は低くなったのだが、水が命を取り戻すまでには至っていないということだ。

だから、これが文明が進んでいる地域を取り囲んでいる海の汚染へと進んでいくのである。ここで問題にしているのは霊的な波動のレベルでの浄化だが、その前に物理的な汚染が止められないのであれば問題外である。もちろん自然の中にある浄化力というのは今も働いているが、浄化されるよりもはるかに速い速度で汚しているというのが今起こっていることである。

そして水を汚染するということは、それだけで生命体がその星に存続できなくなるということを意味しているのである。これは分かりやすく言えば、人類が自滅の方向に向かっているということでもある。

人間が自ら浄化の方向に進まない場合には、最後はどうなるかというと、それは、問題の大陸を水の中に沈めて文明を一度リセットし、浄化をすることになる。あるいは、火山を大爆発させてひとつの文明を火で滅ぼすというやり方もあるかもしれない。地球がもつかどうかの瀬戸際まで行ったらそういうことになる可能性はある。


だが直前に沈んだアトランティス大陸の浄化はまだ終わっていない可能性があり、それに今沈めるとしたら、ほぼすべての大陸を沈めないとダメかもしれないが、代わりに隆起させるものがない。かなりピンチな感じである。

水が使えないなら火ということになるかもしれないが、これだと地球全域を火の海にすることになってしまう。そういう事態というのは、大きな隕石が衝突するような事態であり、地球としては、そういうことも過去にあったようだが、これはこれで大変なことである。だから、浄化というのは、今生きている人類の目覚めによって、自主的に行うのが最良である。

植物界における大地の中のエーテル性のエネルギーとミミズ

これは別の視点からの見方になるが、樹木の中で、その樹木の最も植物的なところはどこだろうか。それはやはり、細い新しい枝であるとか、みずみずしい葉であるとか、花や実というものを思い浮かべるのではないだろうか。

では樹木の太い幹は何なのだろうか。シュタイナーは、この樹木の幹は、枝とか葉とか花とか実のようなものに対して、相対的に大地にあたるという見方を示している。大地から直接生えている草との対比で考えると、こういう見方にも一理あるだろう。その場合は、根はどこに行ってしまったのかというと、幹の中にあると考える。

この見方をとる時にポイントというのは、植物の物質的な構造を見ているわけでは必ずしもないということである。目には見えない、ひとつのエネルギーの構造として見た時に、植物のエネルギー構造の中に、こういう対比的なものが存在すると見るのである。

樹木の創造がされる時に、そういうことを想定して創られているということが言われているということである。もう少し具体的に言うとすれば、樹木の幹の形成層というものは成長点であって、この部分には大きな生命エネルギーが働いているのである。そして、葉と枝と花と実と根を、幹の部分で結びつけているのだが、エネルギー的にはこの結合をエーテル体がやっているのである。

杉とかヒノキとかの真っ直ぐ上に立ち上がっていくような木というのは、エネルギー的に見ると、これは雲のように漂うアストラル的なエネルギーを周りに引き寄せている。植物の霊体にはエーテル体の上にアストラル体がないためにこういうことが起こる。

もちろん、草とかでもアストラル的エネルギーが周りに集まってくるが、樹木の場合のアストラル的エネルギーは濃厚なのである。このアストラル的エネルギーの雲に引き寄せられて、ある種の動物たちがやってくる。空を飛ぶことのできる鳥である。蝶などもこのカテゴリーの動物である。大空に向かって立ち上がっていく木というものと大空を舞う鳥は合うのだ。お互いを強め合うような関係の存在なのである。

樹木というものにもいろいろなタイプがあって、すべてが針葉樹のように空高く伸びていくわけではないが、草のように地面に張り付いているわけでもない、中くらいのものがある。灌木と言われるようなあまり背が高くならないタイプの樹木である。

こういう樹木は動物で言うと家畜と相性がいい。灌木を植えておくと、こういう家畜のようなジャンルの動物は元気になるし、灌木の方も勢いが出てくる。生き物として、エネルギー的なところでの相性のようなものがあって、動物界と植物界という風に分かれてはいるが、ちょうどいいバランスのところに当たっている生き物同士なのである。

大地の中にいくと、植物の場合はそこに根があるが、この植物の根と相性のいい動物はミミズである。微生物も同じようなところがある。もぐらとかもそうである。こういう土の中に棲んでいる動物がいっぱいいると、植物の根にはいいのである。

そういう動物たちが、土を耕してくれたり、肥沃化してくれるというような面の効果もあるが、彼らの存在のエネルギーと植物の根の存在のエネルギーとの間に、ある種の相補的関係があるのである。こう言うだけだとあまりはっきりとは物事が見えないかもしれない。エネルギー的なことをもっと言うとすると、植物の根は、大地の中からエーテル的なものを吸い上げていて、上方ではアストラル的なものを引き寄せている。だから大地の中というのは、エーテル的なものが欠乏していく。

逆に大地の中にエーテル的なものが過剰にありすぎると、植物が病気になる可能性さえ出てくる。ゼロでは植物は育たない。エーテル的なものというのは生命エネルギーそのものでもあるからだ。

そこで、大地の中のこのエーテル性のエネルギーの調整者としてのミミズの働きがある。ミミズは、大地の中での過剰なエーテル性のエネルギーの調整をしてくれる生き物でもある。だから、根とミミズは相性がいいのである。

カビのエネルギーと沼の役割

自然界の中で、大空を飛びまわれる鳥、大地を歩む動物、大地の中で活動するミミズとくると、残るひとつは微生物である。

そして、この微生物の中にはいろいろなものがいて、病原性のものも結構多い。特にカビの類は、低温多湿を好むが、状況によっては、こういう生き物が作物に寄生して病気を発症させてしまうことがある。特にカビは厄介な存在である。

ところが農場とか畑の一角に沼があると、不思議なことに、このカビなどの微生物をエネルギー的に引き寄せてくれるということがある。こういうことを見通すのがシュタイナーの目なのだが、沼地があると、カビのエネルギーは沼に引き寄せられて、この力で作物を病気から守ることができる。

逆に言うと、栽培する面積を増やしたくて、自然に存在する沼地を潰してしまうと逆効果になるということである。

こういうことは森という存在にもあり、一定の面積の森があることで、栽培されている作物にもエネルギーが供給されるところがあって、周りに森が少なくなると、植物の元気がなくなってしまう。それと、森とか沼とかいうところには、そういうものが昔からある場所というのがある。

森の中にも空き地が自然にできていることがあるが、こういう自然の中の配置は、実のところ、その地域の中の自然のエネルギーが持っている配置なので、簡単には変えられない。


もともと沼のないところに人造の池を無理やり作っても、本当の沼にはならないし、森というものであっても、どういう木が生えているかというのは自然のバランスがあって、それには自然の中のエネルギーが関係している。

別の言葉で言うと、この自然というもの自体が自然霊の体のようなところがあって、その自然霊のある臓器の位置が沼の位置だったりするのである。だから、そういう意味で大事にしないといけない。一度破壊して沼を埋め立てると、簡単には元には戻せないということになってしまうからである。

生命の特異点である種子の形成について

瞑想とは直接関係がない話題であるが、種子の形成についての根本問題を載せておこう。これはどういう問題かというと、ある植物において花が咲き、その花において受精が起こり種子が形成されるときに、この種子の中に宿る生命が自立できるかどうかという問題である。

自立というのはいろいろな意味があるが、これまでの親の植物の形質からの自立ということもあるし、あるいは、親の植物が生きていた環境からの自立というようなこともある。こういうことが起こせるかどうか、起こすにはどうしたらいいかということだ。

答えは「イエス」である。できるのである。ではどうやってやるのか？これに対するシュタイナーの答えは次のようなものだ。

「二つの道がある。ひとつは、水素が一切を広大な宇宙の中に運び去り、事物の一切の特殊性を奪い取り、普遍的な混沌の中ですべてを解消させてしまうことである。もうひとつは、水素的なものが微小な種子形成の中へ蛋白質元素を追い込んで、そこでそれらを自立させ、宇宙からやってくる力を感受するようにさせる。微小な種子形成の中にも混沌があり、広大な宇宙の中にも混沌がある。種子の中の混沌が、宇宙の混沌と感応しなければならない。こうやって新しい生命が生まれてくる」

実は度合いの問題はあるが、こういうことが常に起こっているのである。だから、種子というのは、生命としての特異点なのである。

カルシウムと珪素と窒素収集者であるマメ科の植物

植物一般の形が出来上がっていく力には二種類あって、カルシウムが関係する地上的な力、それと珪素が関係する宇宙的な力、このカルシウムと珪素のせめぎあいが起こる。相補的ということでもあるわけだが。だからこの二つが基礎をなす。

傾向性で言うとすれば、「カルシウム（石灰質）は地中における外界からの摂取欲であり、珪素（珪石質）は、外界知覚感覚である」と言われている。それはカルシウムという元素が、安定になろうとして石灰になったとしても、その後も酸系のものと化合したいという欲望を持っているが、珪石の方は、石灰が奪ったものを奪い返して元に戻すような役割を持っているからだ。物質としての反応系の中のダイナミクスということを超えて、存在のエネルギーとしてそういう作用をするということである。そしてこういう時に特徴的なのは、微量でも働くということである。

微量というのがホメオパシー的な意味での微量ということになると、ものすごくわずかでもいいということで、物質としての影響というよりは、存在のエネルギーとしての影響と考えた方がいいかもしれない。珪石のこういう働きは、自分のために働くというよりは、他の存在のために調整をするというような意味である。そういう意味では、石灰（カルシウム）の働きは、より物質的であり、珪素の働きの方がより高次の働きであろう。

マメ科の植物は、基本的に「窒素収集者」であって、石灰に窒素呼吸をさせるために地中に窒素を送り込むのだが、マメ科の植物では、吸気プロセスを使って窒素を吸い込んでそれを下に送っていくのである。物質的世界では、マメ科の植物の根には根粒バクテリアが寄生して、ここで窒素固定が行われている。

第四章

本物の農夫は
なぜ瞑想家となるのか!?

シュタイナーの元素論の中では、窒素が実践の中での瞑想を助けてくれる

問題が核心に入ってくるようなところがあるが、『本物の農夫は、実は瞑想家である』と言ったら、あなたは信じることができるだろうか。実は、これはシュタイナーの言った言葉である。

かつて、こういう時代があったのは確かであろうし、今でも農業を本気でやっていて、こういう境地にいる人は多いのではないかと思う。ただあまりにも、多くの唯物的な知識と技術が農業の世界にも入って来てしまい、本当の自然というものに相対することをしなくなってきてしまったのが今の農業の姿かもしれない。

だが、そういうことはあっても、やはり自然の中に立てば、何かを感じざるを得ない。本当は、そういうものである。頭に知識を詰め込んでいる

うちに、真実というものが見えなくなってしまった現代人への警鐘の言葉だろう。

農夫という人たちが瞑想をしているように思えないのは、知的な階級から見た時の農夫と呼ばれる人たちへの差別意識もあるかもしれないし、彼らが無意識にやっていることで、何をどうやったら何が分かったかというようなことを言葉で表現することをしないこともあるだろう。

普通は、何かを感じ何かが分かったら、ただ必要なことをやってしまえばいいだけである。農場で作物を栽培するということは、とりもなおさず、自然の中において、植物に相対しているということである。生命あるものに対するのは、常に真剣勝負のようなところがある。そして、この瞑想の時に助けてくれるのは、窒素という元素なのだそうである。

窒素が瞑想を助けてくれるとかいうところだけ聞くと、意味不明で信用を落としかねないところもないわけではないが、これはシュタイナーの元素論の中で理解しないといけない。

窒素は、前の方の章で説明したように、とても面白い元素なのである。瞑想ということで言うと、『農場という環境の中で瞑想すると、私たちの周囲を取り巻く窒素を感じることができるようになる。そして窒素の中に生きているものを意識できるようになる。窒素は賢明な存在で、水星や金星の働きを知っており、それを私たちに伝えてくれる。窒素の教えてくれることに対して心が開けていけば、農園や農場を支配しているすべての秘密がその人に対して開かれてくる』とシュタイナーは言っている。

私自身こういう瞑想をしてみたことはないが、農業をやっている人は挑戦してみるといいかもしれない。あるいは、そういう自覚はなくても無意識にやられている方は多いのではないかと思う。というのは、こういう瞑想は知的なことではなく、農業という自然の中での実践において初めて意味を持つのであり、言葉だけでこねくり回せるものではないからだ。

農作業をする人は大地と作物の生命エネルギーや霊的エネルギーの影響を受ける

農業ということ自体が、その土地というものに種を蒔き、そこから実りを得るという単なる作業ではない。それは、大地というものも生き物だし、栽培する作物も物ではない。自分の子供を育てるのと同じようなところがある。

そして、この生きた大地に施肥をする時には、これは機械的な、技術的な作業ではないということである。人がこの作業を行う時には、それは、その人の霊的、生命的なエネルギー体としての介在があるということだ。

これは、その人が個人的な意味での関係を持つということだ。

大地の中にも、もちろんエーテル的なエネルギーやアストラル的なエネルギーが存在し、これは別の言葉で言うとすれば、生命エネルギーであったり、霊的なエネルギーであったりするもので、私たちが作業をすれば、そういうエネルギーと触れ合うことになるからである。

極論を言うと、そこに存在するだけでそうなる。私たちが鈍くて感じていなくても、大地の方は感じているし、そこに植えられている作物たちも私たちの思いを感じているのである。

人の思いも強く働く⁉　シュタイナーの処方する肥料は一種の波動エネルギー、それをホメオパシーの原理で増幅している

シュタイナーの処方している肥料というのは、普通の肥料ではない。物質的なだけではないところがある肥料である。宇宙から来る惑星のエネルギーとかが入っているし、植物の中に取り入れられた生きた元素のエネル

ギーが封じ込められている。これは、一種の波動のエネルギーであり、それをホメオパシーの原理で増幅している。

非常に強いエネルギーが入っているのは確かなのだが、実のところ私たち人間の思いというものも非常に強く働くのである。思いの世界は波動のエネルギーそのものであるからだ。だから肥料を施肥する人の思いが強く現れることもあるのである。どういう思いで肥料を撒くのかで、当然結果が変わってくることもあり得るだろう。そして、これは非常に重要な観点なのである。

農業ということにおいては、これが最初にあり、そして最後にあることだが、自分の目で農場をよく見ること、植えてある作物をよく見ること、これは何にも増して重要である。エネルギーが感じられたり、見えたりするということがあると、それはそれでよく分かるということはもちろんある。しかしたとえそういうことがなくても、真摯《しんし》に自然というものに向き合っている時に見えるものがあるはずなのである。

自分の植えた作物を毎日見てあげる、そのことが、その植物に対する愛の思いにつながるのである。

それと大地にも生命があるということが分かって見るのと、そんなものがあるはずがないと思って見るのでは随分と違うのだ。ないと思って見ればあるものも見えないが、あると思って見ると実際に見えてくるのである。それは、自己暗示とかそういうレベルではなくて、ないと思って見ている時には、いろいろなものが目に入っていても、見逃しているのである。それを無視しなくなるだけで気づけることが多くなるはずなのである。

畑とか水田の中とか、そういう所に立っていると周りの植物たちが話しかけてくる。それは人間が語りかけてくるような言葉が耳から聞こえるわけではない。そうではなくて思いが伝わってくるのだ。独特の香りが伝わってくる。そよ風に乗ってやって来るものがある。そういうものの中に浸っていればいいのである。そうすると、足元に生えている雑草の思いが分かるかもしれない。

生命エーテルと生命体エネルギー、植物のバックには必ず「存在のエネルギー」が存在する

シュタイナーの生命観の中で「生命エーテル」というのは非常に重要な概念である。これがある意味、生命そのものと言っていいようなものであるのだが、この生命エーテルというものを見ていると、その中にいくつかの重要なものが見えてくるような気がする。それは生命体というものの体の部分とこのエーテルが完全に重なっている存在だということもあるが、

ではなぜそうなっているのかということには、答えていないようなところがある。

本当は、植物であったとしても、そのバックには、「存在のエネルギー」というものが存在しているはずだ。そうでなければ、存在できないはずである。存在のエネルギーというのは、植物であれば、その植物というものをこの世界に存在させているエネルギー体である。神智学で言うある意味のコーザル体的なものである。私は、このエネルギーを生命体エネルギーと呼んでいる。

生き物が生き物としての生命を持つには、この存在のエネルギーの生命体エネルギーが存在して、その働きの元に、植物の体が種から出発して体を成長させてくる。この時に、エーテル体に包まれながら成長する。エーテル体は植物の体と瓜二つに成長していくのである。

エーテル体も物質の体も生命体エネルギーの表現形として存在するのである。エーテル体と生命体エネルギーを同一視しても、あながち間違いとは言えない。どこまでがエーテルで、どこからが生命体エネルギーかは区別が難しい。どちらかというと、生命体エネルギーの方が核の部分にあたるというだけである。

植物にも魂が存在する!?　その魂を含んだ植物の霊体が植物の存在のエネルギーである

生命体エネルギーとは別に、植物には、もうひとつの存在のエネルギーが存在する。それはその植物の核の部分、魂の部分である。この魂を含んだ植物の霊体は、植物の物理的な体の中に宿っているわけではない。植物にはアストラル体も存在しない。

こういうところが、植物の動物とは異なる部分で、もちろん人間とも異なっている。まあそうはいってもアストラル体が植物の体の中に存在しないだけであって、体の外にはアストラル的なエネルギーが植物を包んで存在している。アストラル的なエネルギーなしでは、植物は花を咲かせることもできないし、実をつけることもできない。

魂はどうなのかと言われると、魂はもちろん存在している。霊的エネルギーとして生命体を表現する時の区分けが、動物や人間とは違うのである。これは、植物が一度根を生やしたところから動くことができないので、環境から独立していないところがあるということと関係している。

魂の話に戻ると、これは、魂という風に言うと、人間の魂を思い浮かべてしまうかもしれないが、植物の場合は、事情が少し違う。私が使っている「存在のエネルギー」という言葉の方がかえって分かりやすいかもしれない。

それは、植物には植物としての存在のエネルギーというものがあって、もともとこれは魂としての存在なのである。だから、ある植物が枯れてしまっても、その魂が消えてしまうわけではなくて、魂はあの世に帰っていくのである。そして、この世にある植物が生まれる時にまた、やってくるのだ。まあ、こういうところの基本的な枠組みは私たち人間と同じなのである。

違うのは、ひとつの魂にとって、担当する植物体が必ずしもひとつだけではないということである。ひとつの魂が一群の植物群をカバーしていることも多い。厳密には、その植物が増殖していく段階とか、違う環境で生きていくようになる時に魂の個性化が起こることはある。

しかし、大元の魂というのもあって、その魂が一群のものを率いていることもある。こういうことは人間の場合にもあり得るが、あまり細かいことを言っているとかえって分かりにくくなるので、このあたりにしておきたい。

シュタイナーが言う「まもなく暗黒時代の終わりが来る」の意味とは⁉

「まもなく暗黒時代の終わりが来る」というのはどういう意味かというと、まず今が暗黒時代だということである。

今の時代のどこが暗黒なのかというと、人間というもの、あるいはすべてのものの本質は魂であるという認識が失われ、物だけしか見なくなってしまった唯物主義の時代のことを言っているのである。物質的な科学が発達したために、物質面しか見なくなってしまったということだ。

表面的には、科学技術の発達は、生活というものを便利にし、楽をして生きていけるような時代の中に我々は生きているのである。だから、暗黒だと言われても「今は中世の時代ではない」と言いたくなってしまうかもしれない。

しかし霊性を失っているということは、本当にあるものの半分以上が見えなくなっているということである。シュタイナーの語っていることを今の時代に当てはめてみるとどうなるだろうか？

シュタイナーが農業に関する講演を行ったのは二十世紀の初頭である。もうその頃から化学肥料は使われ始めていたが、その後、その動きが加速していく。自然というものから遊離して、作物を栽培する畑や水田やあるいは牧草地は、肥料を撒けばそれが植物に変わっていくような機械的なモデルでしか考えられないような時代になっていくのである。

農業をやられる方はそれでも作物を育てながら、そこに生命の神秘を感じながら働いていくということはあったと思うが、農学という学問の中では生命ということが真面目には考えられず、いかに生産性を上げるかという栽培法を追求することにすべてがかけられたのである。

その結果、気が付いてみたら、ものすごい自然に対する収奪型の農業が行われていたということが最近は言われ始めている。しかし、そのやり方が根本的なところで止まってはいないのだ。このままでは土壌は失われ、水も枯渇するのではないかと心配されるところまできているのである。

今の農業には、自然も生き物なのだというような観点はない。もっと言うとすれば、農地というのは自然の一部であって、そこを人間が所有していると思うこと自体が本当は勘違いなのである。本当は、一時期地球から預かってそこで作物を作らせてもらっているだけである。偉大なアメリカインディアンのシアトル酋長が何と言っていたかを思い起こさないといけないだろう。

彼は次のように言っていた。

『我々は大地の一部であり、大地は我々の一部である。薫り高い花は我々の姉妹であり、鹿や馬や鷲は我々の兄弟である。岩山の尾根も、甘い牧草も、仔馬の温もりも、そして我々人間も、すべてがひとつの家族なのだ』

だから、それが畑であっても、私たちはそれを自然から借りているだけなのである。一時期、預かっているにすぎない。それを忘れてその土地を汚して行けば、それは自然の摂理の反作用を生むかもしれない。そもそも生命にあふれた作物は取れなくなってしまう。大地が死んでしまうからである。

そういうことが、今は至る所で起こっているのである。そういうことを何も気が付かないでやっているというのが「暗黒の時代」と言われる所以なのである。暗黒というのは無知ということなのである。

これを何とかするにはどうしたらいいのだろうか。それは簡単なことである。真実は何かを私たちが知ればいいのだ。

愛の時代が来なければ暗黒の時代は終わらない

だが、暗黒の時代がひとりでに終わるわけではない。この文明を生きる人たちの価値観が変わらないといけないからだ。しかし、これは大変なことである。そう簡単には行かないだろう。

なぜ簡単ではないかというと、ひとつは、目に見えない世界のことが関係しているからである。そして、私たちの霊的感度が落ちているということもある。あまりに長く物質文明の中に生きていれば、それも仕方のないことかもしれない。そして、物質的なものがないのかというとそういうことではない。物質的なものは物質的なものとしてあるのである。だがそれだけではないということだ。

こういう状況は、ある意味難しい状況である。今生きている状況を認識するための手掛かりがないからだ。だが、本当は、よくものごとを見極めていけば、そのようすがというか手掛かりが全くないわけではない。どのくらいものごとを突き詰めて考えることができるのかということでもある。

実は唯物主義的な世界観になっていること自体がひとつの勘違いかもしれないところもある。思い違いと言うか、あり得ないことをあると単純に信じ込んでいるだけであるのかもしれない。

愛ということも同じである。本当は愛というのは妄想でもないし、単なる観念だけのことでもない。しかし、それがリアルなものとして認識できないというのは、思いのターゲットが適切でないからである。

シュタイナーということであれば、彼には多くの人に真実を知ることによって、目を開いて欲しいという思いがある。そうすることで、この唯物主義の呪縛から解き放たれるチャンスというのが与えられるからだ。興味本位だけで神智学を語れば、そこには愛が入らない。

そういうことも愛のひとつの形なのである。ただ、汝の隣人を愛せよというだけでは、今は足りない、そういう時代になってきてしまっているのだろう。

アセンションをすると地球の自然のモードも変化する？

地球が地球ごとアセンションするというのはどういうことになるのだろうか。スピリチュアルの世界ではアセンションとかいう言葉はよく聞かれるが、実のところアセンションの具体的なイメージまでは明らかにはされていない。

これについて、私の分かることを少し詳しくここで説明してみようかと思う。はっきり言って私にも百パーセントの説明はできないのだが、このアセンションということで変化するのは、物質世界の存在様式である。霊的な存在の様式は変わらない。

では物質世界の存在の様式がどう変わるのかということだが、これは、物質の元である元素の状態が変わるのである。

例えば、珪素という元素があって、この珪素と酸素の化合物が地球の中の石の成分なのであるが、この石の在り方が大分精妙になる。同じ成分の石でも波動が変わる。

シュタイナーが化学エーテルと呼んでいるエーテルがあるのだが、珪素酸化物の石であれば、こういう石のエーテルに満たされている。この波動が別の波動域に変化する。

エーテルの波動は、物質の波動が高くなれば、当然それに合わせて高くなる。これは化学エーテルだけではなくて、生命エーテルの場合もそうである。生命エーテルの場の中にいる物質は、その外にいる物質とは波動が違うというのは、アセンションをする前も後も同じだが、アセンション後の生命エーテルの波動はもちろん高くなっている。それは生命体自体の波動が高くなっているということでもあって、惑星全体がアセンションをするという時には、その空間の波動も一緒に変化している。

もしも星全体としてはアセンションは起こっていないけれども、特定の生命体の生命エーテルとその中にある物質の波動がアセンションしたらどうなるかというと、その存在は、消えて見えなくなってしまう。波動の違うものは干渉し合えないからである。

もしもひとつの生命体の内部で、すべてのエーテル体が同じレベルへの波動の上昇が起こらなかったらどうなるかというと、それはその生命体としての不調和として現れるだろう。それまでと同じような感覚的な認識が得られない可能性も出てくる。

それはメンタル体やそれ以上のレベルの霊体では、肉体を持っている世界において慣れ親しんだ認識の様式と感覚のモードがあり、こういうものが新しい次元上昇を行った世界で同じではないのだというはっきりした自覚がなければ、混乱が起こるだろう。

体が次元上昇しても魂がついていけなければ、肉体と魂の一体化さえ危ぶまれるようになるかもしれないということである。こういう時は、統合失調症のような状態に陥ってしまうかもしれない。しかし、魂が自らの何たるかを自覚していれば、こういう混乱は最小限にとどめられるだろう。

では植物の場合はどうかというと、自然界の中においては、もともと植物という存在は霊性というものとのバランスをとって生きている。だから、次元上昇してもそこで何か問題が起こることはない。

問題があるとすれば、人間が関与していた部分については、そのままではうまくいかなくなってしまう。調剤を作るということについても、同じやり方は使えないかもしれない。

植物がどういう風に自らの姿を変えていくかということについて言うと、次元上昇すると、そういうことは起きやすくなる。植物の自主性のような領域の働きはよりよく働くようになるので、人間が介在して活性化する枠組み自体がかなりの変更を余儀なくされるだろう。

人間も動物も植物への従属的生物であるので植物がいなければ生きていけない

植物以外の生き物はどうなのだろうか。特に、人間という存在は、植物とはかけ離れたところにいるように見える。同じ生物と言っても、植物と動物の間には、大きな違いがあり、それは私たちが表面的に、その生物学的な違いを見ると、明らかである。

それは、植物というものは太陽からのエネルギーを受けて行う炭酸同化という力を持っていることで、自立して生きていける力を持っているということである。動物には、このような力がない。もちろん、動物である人間も同じである。だから、植物がいないと生きていけない。

つまるところ、植物がいないと生きていけない「植物への従属的生物」なのである。栄養源を植物に頼らないといけない。それ以外にも、炭酸ガスを酸素に変えているのも植物である。植物がいないと、呼吸さえもできなくなってしまうというわけである。

見方を変えると、植物は、太陽からのエネルギーを受けて、これを変換し蓄積するという、ものすごく重要な働きをしているということである。

これが今の科学で見る植物の働きであるが、霊的なところまで視野を拡大してみると、もっといろいろなことが起こっているということを、シュタイナーは言っているのである。それは、エネルギーの原資というのは、科学で見るような光だけではないということなのである。

では、アストラル体というのは何だろうか。アストラル体というものにはいろいろな意味があって、一言ですべてを表現するのは難しい。まず、人間の場合だと、エーテル体と魂の間をつなぐバッファのような役割をする存在である。魂の存在の次元は高いので、次元のギャップを埋めるようなものがあるのである。

それ以外に、魂の活動は思うことなので、肉体に宿っている時の魂の思いを容易にするために、魂の存在の一部を低次元に投影しているようなところもあって、肉体のいろいろな感覚から入ってきたものを統合するための感情とか感覚に基づいた思いが発生する場所でもある。人間には脳があるが、脳のある動物の場合に、脳の中に発生するいろいろな思いを表現する空間が必要であり、そのためにこのアストラル体が存在するのである。

アストラル体というのは、人間の場合であれば、人間の魂のカバーをする最外層のような位置づけにある。一方では、このアストラル的エネルギーというものが、植物が存在するところに集まっているということもある。物質的世界にある植物に対してである。その意味では、この物質空間の中に存在するものに引き寄せられて、非物質的エネルギーとして存在しているアストラル的エネルギーというものがあるということである。

そういう意味から言うと、アストラル的エネルギーは、霊的な性格と、物質的な性格の両方を併せ持っていると言っていいかもしれない。

ただ、こういう考え方は、全体が非常にこんがらがってしまうところがあり、もっと単純に理解するにはどうしたらいいかと思ってしまう。ふと思いついたのは、生命体というのは、それ自体がひとつの独立な世界を作っているということなのかもしれないということだ。

人間の魂の系譜をたどれば宇宙の根源的な神霊エネルギーへとつながっていく

人間であれば人間というのは、それ自体が独立した世界なのである。肉体とエーテル体とアストラル体と魂とで世界を作っている。エーテル的エネルギーとアストラル的なエネルギーとを周りの世界から分離して自分の世界を作っている。そして、魂も独立したエネルギー体としての魂なのである。

植物の場合は、この独立性が人間ほど高くない。エーテル体と肉体が独立しているだけで、アストラル体は共用である。魂も独立はしていない。この共有的なものの割合が高いのが植物界である。そうは言っても、すべてが共有的かと言うとそういうわけではなく、植物の魂というのも、植物の種の数だけ違ったものがあるし、同じ蓮であっても、その蓮の魂にはいろいろな性格の魂があるのは確かである。個々の植物体から得られる経験が、残っていくからである。違いは残っていく先の問題であって、魂の個性化の度合いが違うのである。

もちろん、人間はどうかと言うと、人間は、一人ひとりの魂が原則として独立していて、個性化している。だが独立はしていても、その魂が創られた系譜のようなものがあって、その創られた時の親の魂というものが存在し、創られた時に独立した魂になっていたとしても、また親の魂とは細い糸でつながっている。そしてこれをすべてたどれば、この宇宙の根源的な神の神霊のエネルギー体の中へとつながっていくのである。
この関係というのは、原則として見るなら、植物の場合も同じであって、魂がどういう風に分かれていっているのかという分かれ方の部分の差ということになってくる。それと、個性化した魂が、どのように宿っていくのか、植物のようにひとつの魂が、同種の同じような個体をまとめて面倒を見ているのかという違いになる。

同じ杉であっても、いろいろな杉があるのである。それは、イメージで言うと、植物という非常に太いマザーツリーの幹があった時に、そこから何百本の太い枝が出ていて、その一本が杉の魂に当たり、その杉の魂の枝から、また何百もの種類の杉の枝が出て、そこからまた何万もの枝が出るといった具合である。老齢の力ある屋久杉の魂というのは、そういう魂の枝の中で、太い昔からある枝の一角を占めているのである。そして、その枝の一本一本が意識を持っているのである。

アストラル的エネルギーをもつ動物がそばにいることで植物が元気になる

少し角度を変えて、植物と動物の関係を見てみよう。植物は、自らはアストラル体を持っていない。しかし、アストラル的エネルギーが必要ないのではない。だから、このエネルギーは、自然の環境の中にあるものを使う。逆に、動物はアストラル的エネルギーをアストラル体としてまとっているので、植物の方から見ると、アストラル的エネルギーを周りに侍らせているような形になり、アストラル的エネルギーを補完するような効果があるある。そういう意味での原理的な相性というのがあるということである。

特に、樹木のようなタイプの植物では、大量のアストラル的エネルギーを周りから集める力がある。それには、いろいろなわけがあって、樹木の上方の大量の葉のついている枝、いわゆる樹冠というのは、周囲の空間に比べて、あまり温度が高くなく、しっとりとした空間で、こういう空間はアストラル的エネルギーと、親和性が高いのである。

一般に、どのような植物であっても、自らの周囲には、一定のアストラル的エネルギーをまとわりつかせているが、背の高い木には、とりわけ多くのアストラル的エネルギーがまとわりついているのである。そして、こういう木の周りを鳥たちが飛ぶことで、アストラル的エネルギーが刺激され、活性化するのである。

エーテル的なエネルギーというのは、植物を生かす生命エネルギーそのものであるが、では、アストラル的エネルギーは何なのかと言うと、それは、エーテル的エネルギーよりは次元の高い精妙なエネルギーであって、そこには、エーテル的エネルギーの持つような直接的な生命性がないというか、物質的なものからくる具体性がない。エーテル的エネルギーは、物質の表裏のようなものであるが、アストラル的エネルギーというのは、感覚とか思いを表現する媒体としてのエネルギーである。

第五章——農業におけるエーテル論

生命とは？　肉体の奥に存在するエーテル体という　エネルギー構造のことか⁉

私たちの目には、エーテルとかアストラルとかは見えず、物質でできた体だけが見える。そして、今の科学で見たときの人間にしても植物にしても物質的な体において、一番不思議なのは、この体が、どうやって、ひとつの形を保ち、いろいろな外部からの惑乱に対してめげずに、存在し続けることができるのかということである。

生き物において、何が起こっているのかを、物質的な現象を精密に観察することで、そこから、この体が生きているということは分かる。だが、それを成立させている根本原因となるものが見えない。生きているということの現象面だけを見ていると言ってよいだろう。細かいことは、結構よく分かっている。

遺伝子のメカニズムにしても、神経システムにしても、代謝系とか免疫システムとか、個々のメカニズムは、かなりよく分かっている。だが、ある所から先には行けない。それは、生きているということは何なのかということの答えを得ることができないということである。

あらゆる生き物の物質の体の奥にあるのはエーテル体であると言っても、今の科学の世界では通用しない。だが、これは存在する。

そもそも、エーテル体とは何かということを定義しないといけないことになるが、これ自体が簡単な、自明な話ではない。確かに、肉体の奥には、エーテル体というエネルギーの構造が存在すると言うことはできるが、これをアプリオリに受け入れられる人はよいが、受け入れられない人には、受け入れられないだろう。

霊視して、自分でこれが見える人は、確かにあると言えるだろうが、それが目に見えない人は、そう簡単にはいかない。だからシュタイナーは、こう言っているというようなことで、シュタイナーの言っていることを根拠にするしかないということもある。シュタイナーは、自らの霊視能力によって、それが見えた人なので、その自らの経験を、根拠のひとつにしているところがある。だから、そうなると、シュタイナーを信頼するかどうかということになってしまい、それでは、論拠としては弱い。まるで、宗教のようなことになる。信じるか、信じないかという話になってしまうからである。

では、私はどう思うのかと問われれば、それは、私自身にも霊的な見る力が全くないわけではなく、多少なりとも見えるものがある。それだけではなくて、もう少し、科学的な論証もしなくてはならないと思っている。

拙著『科学からの存在と認識（統合版）』の中に書いてある「存在のエ

ネルギー」というのは、これは、生き物を存在させようと働く、その生き物の奥にある高次のエネルギーのことである。厳密にいうと、生き物という時に、体のことを考えるのか、魂のことを考えるのかで、分けて考えないといけない。この「存在のエネルギー」というのは、体と魂のそれぞれについて存在する。

魂の場合も「霊体」という言い方をすべきかもしれないが、「ｘｘ体」というようなものを考えるなら、その中に、この存在のエネルギーが内在している。肉体の場合も、物理的な肉体のシステムの中に、自分自身を維持しようとする力が、システム的に全くないわけではないが、そんなに強くはない。だから、独自の力だけだと、数時間しか持たない。実は、この肉体を存在させているのは、エーテル体の力である。逆に、エーテル体が、体を物質世界に投影しているということさえある。

宇宙的からくるエーテルの愛の表現

宇宙からくるエネルギーは、エーテルの中でも次元の高いエネルギーである。生命というものを表現するときに、基本となる体を表現するエネルギーと、その生命の目的性のために、さらに高次のエネルギーというものを取り込んでくるということがある。そういうことができるのである。これが、何故により高次なのかというと、それは、自分自身ではなくて。他の存在のための力を生み出すためのものであるからだ。分かりやすく言えば、「愛」のための次元であると言ってもよいだろう。

植物にとっても、そういうことがあって、そういう表現に手を貸してくれる存在がいる。一段高い仕事のためのエネルギーが、他の星からやってくる。これが、外惑星である「火星・木星・土星」からのエネルギーである。

　これは、同じエーテル次元に属するもので、生命エネルギーの枠の中で働くエネルギーである。四つのエーテルの分類で言うと、火のエーテルに分類される。同じ惑星からくるエネルギーでも、内惑星や月からくるエネルギーは、その植物そのものを生かすためのエネルギーであって、これも、もちろん、愛のエネルギーだが、その意味では、愛というものの中に、ある意味での次元性があるということである。

　ある存在を生かすというのも愛であるが、その存在が、他の存在を生かしていけるような活動ができるようにしていくのも、一段高い次元に属する愛の段階と言えるからである。エーテルと物質の体の関係で言うと、体が傷ついたりしたときに、これを修復したり治癒させたりする力は、エーテル体の中に存在する力である。体が傷つけば、それを塞いだり、元に戻そうとする。なぜ、そういう力が働くのかというのは、体が魂の元に創造されたときに、ひとつの独立した存在としてのアイデンティティが埋め込まれていて、自分自身を存在させ続けようとする力が働いているからである。これが「存在のエネルギー」であるが、この力こそが、生命の根幹にある力であって、根源的な存在の力を分け与えられている証でもあるということである。

植物が、枝や幹が折れたときに、そこから、新しい枝が出てくるのは、ある種の再生の力が働いているからであり、果樹などを剪定するのは、実をつけることのできる新しい枝を出させるのを目的にした人為的な方法である。

だが、これが、動物になると、失った体の一部を再生させるのは、特殊な動物以外では難しい。もちろん、人間などは、切断した手とか足が生えてくることはない。こういう再生の力が、高等動物の場合に、原理的にないのかというと、そういうことはないのだが、抑えられているのである。

そして、こういう部分の力は、本来は、エーテル体の中にあるのである。

肉体の創造ということを考えるときに、二段階で考える必要がある。それは、ひとつは、人間にしても、動物にしても、植物にしても、ひとつの種ないし受精卵から、その生き物の体を再構築していくことができているが、これが、どのようにできているのかということと、そもそも、こういう力が、種の中に、どのようにして存在するようになったのだろうかということである。これは、どちらも自明なことではない。

生き物の中には、遺伝子とかＤＮＡとか、生命体を生み出していく時に使われる情報が存在することは、よく知られているが、これだけで、生き物の体が出来上がっているわけではないところがあるからだ。

今の科学は、何段階もの問題を抱えていて、魂が体に宿るということが認められていないところが、そもそも大問題であるが、人間の体を含めて、それが、どのようにして出来上がっていっているのかが分かっていないところがある。

そして、生き物の創造の後に、エーテルの次元で記録されているものがあるということである。植物で言えば、「原植物」というようなテンプレートが存在していて、こういう理念的なエネルギーが存在するということがあり、そこから持ってこられる情報がある。

地球自身の中にある情報を使うのか、宇宙の中から持ってくるのかというようなこともあるが、一度、地球で生み出されたものでも、見えない世界の中に保存されているものがあるということである。

それと、見える物質世界の中に表現されているＤＮＡとしての情報をどう使うかということで、物質世界とエーテル世界が交わるところで生命が展開しているということを理解しないといけないだろう。これは、現状では、かなりの部分が神秘のベールの彼方に隠されている。

地の生命エーテルと化学エーテル

大地の生命エーテル的要素と、大地の化学的要素と呼ばれるものがあり、これらは、太陽系で地球の外側を回っている惑星からのエネルギー（エーテル的）は、一度、地球の大地の中に取り入れられてから、地上に、再放射されて、植物に届くということがある。

大地が、どれだけの活力（生命力）を持ち得るか、大地が、どれだけの化学的現象を発揮し得るかは、大地の砂の部分（珪素）の性質と関係があり、大地の中で経験するのは、その多くが、「宇宙の生命」と「宇宙の化学現象」が砂や岩石という回路を通って、根に吸収されているかということに懸かっている。

まあ、もちろん、地球には、地球としてのエーテルが存在しているということはあるが、宇宙的にやって来るエーテルというものがあるということである。

シュタイナーが農業講座の中で言っている元素の霊性についてまとめておくと、これは、シュタイナーの独特の言い方であるところもあるが、地球上の生き物に関係する代表的な元素は、イオウ、炭素、酸素、窒素、水素などの元素である。この中で、エーテル的なものと親和性が高い元素は、炭素と酸素とイオウで、逆に、窒素はアストラル霊性の担い手である。

アストラル霊性というのは何かと言うと、これは、シュタイナーの『アカシック・レコードから』の中に出てくるが、人間の魂とか肉体を創造していた時に、最初に創られた「人間の魂のジャーム（胚）」で、これが、「アストラル霊性」として創られたという話が出てくる。こういうものが、アストラル体が創られる、はるか前に創られて、そこから出発するのである。

このアストラル霊性の担い手に、窒素がなれるというのは、その意味で、非常に重要な話であると言わなくてはならない。さらに、イオウという元素が、霊性の形成と物質的なものを仲介している存在である。「人間の本質的な霊性である自我が炭素の中に生きているように、宇宙の霊性の持つ宇宙自我も、このイオウの道を通って、形成と分解を繰り返している炭素の中に住んでいる」と言われている。

というのは、霊的なものは、常に、物質的な担い手を持たざるを得ないということがあって、これが物質世界における法則だからである。そして、イオウの助けを借りて、エーテルから「生命作用」を運んでくる元素というのが「酸素」なのである。

種子の形成に関する最も興味深い話は、カオスの話である。これは、農業講座の「第三講」の中に出てくるが、植物の成長の中で、多くの組織や物質が、あらゆる状態で、お互いに結びついていて、自由な動きはできないような状態に置かれているが、ここに自由性を生み出すことができる。それは、水素という元素の力であって、こういうことをするには、二つの方法があるのだそうだ。

ひとつは、「水素が、それら一切を広大な宇宙の中に運び去り、事物の一切の特殊性を奪い取り、普遍的な混沌の中で、すべてを解消させる」という方法で、もうひとつは、「水素的なものが、微小な種子形成の中へ、それらの蛋白質元素を追い込んで、そこで、それらを自立させ、それらが宇宙からやって来る作用を感受できるようにする」方法である。こうやって、出来上がる種子の中の混沌が、はるかなる宇宙の中の混沌と感応しなければならないということである。

シュタイナー風の、この言い方は、分かりやすくないが、これはどういうことかというと、種子の中の状態を「融通無碍《むげ》な」ものにするということで、新しい状態を受け入れやすくするということである。もっと言うと、進化ということ自体が、ある意味の「硬化」や「分化」のプロセスで、不可逆的に、融通無碍であった物質性が、硬くなってきていて、これに対して、種子の中にある生命性が、新たな「生」を生み出すために、宇宙中にある「生」の力を使って、自らの「再起動」をするための仕掛けがあるということを、ここでは言っているのである。

これによって、植物であれば、全体が枯れてしまっても、次の新しい体を生み出すことができるということであるし、場合によって、自分自身の姿を変えていくこともできる。そういうことをやるのに、この混沌（カオス）を使うということである。

シュタイナーの言葉を引用してみよう。

「このように、種子が最高の複雑さに達し、宇宙の塵となって崩壊し、そこに小規模の混沌世界が生じたとき、周囲を取り巻いている宇宙の総体が、この種子に向かって働きかけ始め、その種子の中に自分の似姿を刻印し、あらゆる方向からやって来て全天の作用によって種子の中に形成されうるものを、この小さな混沌世界から作り出すのです。地球上の有機体生成過程は、そのつど、種子形成において最終段階に達し、混沌状態になります。この混沌状態の中に、そのつど、全宇宙の中から新しい生命体機構が生まれ出ます。古い生命体機構は、自分が宇宙の特定の配置に対して持つ親和性によって、この種子が、自分と同じ宇宙内配置に入ってくるように働きかける傾向を持っており、その結果、宇宙の諸力は正しい方向から働きかけてくるので、その種からは、元の植物が生じるのですが、それ以上の影響力を種子に対してふるうことはありません」とある。

カリ・ユガの時代が終わると生命の原理が変化する

シュタイナーは、農業講座の中で、次の時代になると、自然の内部が大きく変化し、過去連綿と受け継がれてきた、自然というものからの恵みとして与えられてきた、様々な知識、治療の方法なども含めて、意味を失うと言っている。

これは、何を言っているのかというと、一度、基本に、根本的なことに立ち返って、自然というものに向き合って、新しい知恵を得なくてはいけないと言っているのである。

アセンションを迎えて、物質世界の波動が変化すると、そういうことになる可能性がある。新しい世界に適応できなければ、人間の生命を存続させることは難しいかもしれない。そして、こういうことは、古き時代においてもあったかもしれないことである。エネルギーにしても、食料にしても、多くの技術の基盤を変えないといけない可能性がある。

だから、今、私たちの表面に見えているだけの知識では対応が難しい。この新しい世界で、新しい技術の基盤を生み出すには、宇宙的な知恵につながる必要がある。

これは、霊性の目覚めなしには行えない。そして、この霊性の目覚めの条件は、愛の認識であり、愛が自己愛にとどまっている時には、新しい科学というのは、それ自体が、滅亡につながる可能性があるということであり、いずれにしても、愛に基づく霊性に目覚めることは、人類が生き延びるための必要条件なのである。

シュタイナーは、地球のエーテル体やアストラル体のことを超えて、宇宙からやって来るエネルギーのことを、細かく説明している。特に、太陽系の惑星からのエネルギーについては、非常に詳しく語られている。

地球に対して、最も大きな影響を与えているのは、太陽と月であるが、惑星という意味で、出てくるのは、水星、金星、火星、木星、土星の五つであり、これが、太陽系の軌道のレベルで、地球より内側にある水星と金星を内惑星と言って、外側にある火星、木星、土星を外惑星として分けている。

分けているのは、働き方に違いがあるからということで、内惑星の水星や金星は、植物の地上的な成長に関係する。一年草のような、短期間に育って、短期間に枯れていくような植物の生に関係するのだそうである。


そして、ここで、一般的なこととして、注意しないといけないことは、この惑星からくるエネルギーは、エーテル性のものであるということだ。エーテルの中に、多様なエネルギーの形態と働きがあって、その多様なものが地球に届くということにおいて、その全体性の中で、地球の生命磁場が出来上がっているということなのである。エーテルというエネルギーは、決して、金太郎飴のようなエネルギーではないということである。

エネルギー的に見たときの原資は、太陽系の惑星の場合は、もちろん、太陽にあって、太陽の放射しているエネルギーを、惑星が吸収して、それを自らの個性のあるエネルギーに変えて再放射しているようなところがある。月の場合も、同じようなことが言える。

そして、もうひとつ大事なことは、量として必要なエネルギーと、刺激を与えるような意味で必要な形のエネルギーの二つの種類のものがあるということである。こういう量と質というような言い方というのは、本当のところを言うと、あまり適切な表現ではないところがある。まあ、だから、最初に、ものごとを理解するときの、近似的な概念とか、あるいは、ある意味での比喩的な概念のようなところがある。

量的な影響力を言うなら、これも見方の問題があるのだが、一番近くにあって、最も影響力が大きいのは、地球自身が創り出している環境から来る影響で、エーテルという意味では、地球のエーテル場が、第一義的に、大きな影響を与えている。そして、それとは、少し違った意味合いで、非常に強い力を与えているのは太陽であり、そのカウンターの位置にあるのが月である。そして、こういうメジャーな三つの存在に対して、対極的な作用をするのが、五つの惑星の力なのである。そして、この力は、ホメオパシー的であるということがある。質を決めるものが、ホメオパシー的に働くのである。

天文学的な分類でいくと、太陽が中心で、月は地球の衛星であるので、惑星よりは下位の存在だが、地球に及ぼす影響の質と大きさの順番から、古代からの直観的な分類というのがあり、それによると、順番は次のようになるらしい。

月・水星・金星・太陽・火星・木星・土星

これは、大きく三つに分類できる。

① 月（Moon）・水星（Mercury）・金星（Venus）
② 太陽（Sun）
③ 火星（Mars）・木星（Jupiter）・土星（Saturn）

この中で、特に、①と③の間には、対極的な違いがある。

特に、植物というカテゴリーの生き物について考えると、月と水星と金星という三つの星は、植物の「体」の成長を促進するエネルギーを送ってくれる。それと、もうひとつ大事なのは、生殖作用を強めるという働きがある。要するに、植物が、この物質世界で、しっかりと育って、次の世代を生み出していけるような、生き物としての生命力を強化するような働きを持っているということである。

こういうエネルギーは、言うまでもなく、エーテル性のエネルギーである。もちろん、先に説明したように、地球という星自身が、エーテル体をまとっていて、エーテル性のエネルギーを持っており、この中で、生き物は生きているので、地球に、エーテル性のエネルギーがないわけではない。そうではなくて、エーテルという名前のエネルギーであっても、結構、複雑なブレンドになっているということなのである。

そして、その中に、ある意味での次元差があるとさえ思えるほどの違いのあるものが輻輳《ふくそう》していて、それぞれが、必要な場所で、必要な働きをしているということである。

これと対極の関係にある外惑星（火星・木星・土星）のことには、後で触れるが、地球上で、これらの星からのエネルギーを受け止める素材の物質に差がある。月と水星と金星からのエネルギーを受け止めるのは、石灰系の物質で、代表はカルシウムである。カリウムとかナトリウムも仲間で、これらを合わせると、地球には、かなりの量の石灰質系の物質が存在している。特に海水の中には、大量のナトリウムが存在している。そして、こういう物質が、ある意味での「共鳴器」の役割を果たしていて、内惑星からのエーテルを受け止めているのである。そして、これが、表向きに見える生命活動を活性化しているということになる。昔から、月が女性に関連付けられているのは、植物だけではなくて、動物や人間に対しても影響があるからだ。

第三カテゴリーの外惑星（火星・木星・土星）は、全く違った作用をする。というか、次元の異なる働きをする。それは、その植物自身のために働くのではなくて、その植物が、他の、より高次の自然領域に所属するものたちに栄養を提供するという位置にいるときに、その働きということにおいて、より高度な働きができるように助けるためのエネルギーを与えるのである。

具体的に言うとするなら、その植物が果樹であるとすれば、その木から採れる果実に、特別なエネルギーを与える。単なる木の実であるということを超えたエネルギーがみなぎった果物というものが、そこから生まれてくるようになる。それが、穀物であっても、野菜であっても同じである。

逆に、そういう力が、宇宙の中から送られて生きているということである。もちろん、そういう実が採れるためには、その植物自体が、しっかりと育たないといけないので、内惑星の力も、もちろん必要であるのは、言うまでもないことだろう。そして、それが、花であるとすれば、そういう力が入った花というのは、人間というものに対して、非常に強い感動を与えることができるし、ヒーリングの力も強くなるのである。

ここで、細かいことを言えば、花の色によって、関係している惑星が違ったり、樹木の種類も、非常に長く生きるものと、そうでないもので、関係する惑星の違いがある。そして、こういうことというのは、同じエーテルという分類のエネルギー表現の中で起こることで、エーテルには、多様な表現型があるということである。

月は、内惑星と同じ分類で見ることもできるが、太陽との対比で見ることもできる。そして、太陽という存在は、この太陽系の主星であるのにふさわしく、内惑星としての性質と外惑星としての性質の両方を持っている。考えてみれば、元のエネルギーは、すべて太陽のエネルギーであると見ることができるから、これは不思議なことではない。

太陽の高次のエネルギーの中には、必要なすべてのものが含まれているとすれば、そこからエネルギーを分化させることができ、この太陽系で生きていく者たちには、この分化されたエネルギーが必要である。なぜ、分化させる必要があるのかというと、それが多様なダイナミクスの極になるからである。シュタイナーの話に出てくるのは、地球を含めた六つの惑星と太陽自身と月である。惑星は六つしかない。本当は、七つなくてはならない。ひとつ足りない。それはどこに行ったのか？

その惑星の残骸が、火星と木星の間にある「小惑星帯」ではないかと推測される。月が、代役をしているとすれば、辛うじて七体のフォーメーションは維持されていると期待してよいのかもしれない。しかし、外から来るエネルギーのバリエーションが、少なくなっているということが言えるかもしれない。まあ、しかし、今現在、三体は存在している。水星と金星と月を合わせるとここにも、別のエネルギーの極が立っている。太陽と月と地球という三体の極もある。こういうことで、三体の三重構造が存在して、太陽系ができている。

植物を超えて、馬とか牛のような、四つ足の哺乳動物を見てみると、この場合は、太陽にあたる心臓が中心にあって、口の方から、土星・木星・火星の順にエネルギーの共鳴構造が並んでいて、そこから肛門の方に向かって、金星・水星・月の構造が並んでいるとシュタイナーは言っている。

こういう風に、太陽系内の惑星のエネルギーに対応する構造が体内に配置されているということらしい。植物の場合には、一種類の植物で、こういう風にはいかないが、複数の植物と、周りにいる動物のバランスで、太陽系のエネルギー構造を映したものを作り出すことはできる。それができると、その場が安定するということである。

シュタイナーの最後を飾る仕事のひとつ、農業に関する八回の講演

シュタイナーの農業講座というのは、彼が亡くなる一年ほど前の一九二四年六月七日から十六日にかけて行った、コーベルヴィッツにおける八回の講演をまとめたもので、これは日本語にも翻訳されて出版されている（『ルドルフ・シュタイナー　農業講座』イザラ書房、二〇〇〇年）。文字通り、シュタイナーの最後を飾る仕事のひとつである。そして、この中の第五講と第六講が植物に関して、雑草、害虫、病気というものについての説明である。シュタイナーは、この農業の講演の数年前から、医療に関する講演も行っていて、こちらは農業の話の十倍くらいはある。そして、この医療の話の中に植物の話も出てくる。逆に、農業の話の中に人間の話も出てくる。

まあ、この時期というのが、彼の人生の最後の時期だし、語られていることは、医療にしても、農業にしても、その中で、原理的なことを言っている。単に技術的なことだけを言っているのではないのである。それだけに興味深いところがある。農業講座の方の全八講にタイトルをつけるとしたら、次のようになるだろうか。

生命に働く宇宙の力（第一講：六月七日）、地球的力と宇宙的力（第二講：六月十日）、物質の霊性（第三講：六月十一日）、肥料の本質（第四講：六月十二日）、いろいろな働きを持つ雑草の力（第五講：六月十三日）、雑草や害虫を抑える方法（第六講：六月十四日）、森の働き（第七講：六月十五日）、エネルギーの循環（第八講：六月十七日）

これは、講演なので、もともとタイトルはついていないが、私が仮につけてみたものである。シュタイナーはこの講演の中で、具体的な技術にも触れているが、それよりも、植物というものの本質について語っているところが、この講演の特徴である。

植物という生物について、『これは比較的低次の自然領域に属する存在であり、より高次の自然領域に所属する存在たちに栄養を供給する役目を持っている』とされている。これは地球上での食物連鎖の下の方に位置しているということであり、それ故に非常に重要な位置にいるという意味でもある。

状況的には明らかなことであるが、ここではそれ以上のことを暗示している。それは植物がそういうことを使命として創られた存在であるということだろう。もうひとつは、植物のそれ自身の生殖能力も含めた生存能力についてである。すなわち、一粒の種から芽を出して根を伸ばし茎を伸ばし、葉をつけてひとつの植物の個体として成長していくことである。そして次の世代を作るためにまた受精し種を残していく「生殖能力」や、「再生産」ないし「成長」に関連する能力である。そして、こういう能力に働きかけるのが、月のエネルギーと内惑星である水星や金星からくるエネルギーなのであると言われている。

そしてもうひとつのタイプのエネルギーがある。それが、外惑星という、火星や木星や土星のエネルギーだ。実は、植物の中で実をつけるもの、他の生き物の食べ物になるようなものを作り出すときには、内惑星のエネルギーだけではダメで、外惑星のエネルギーが必要なのである。実だけでなくて、樹木のような多年生の生き物の場合も、そうである。シュタイナーの言わんとするところは、植物の、いわゆる物質としての部分ではない生命体としての植物が、この宇宙の中でどういう作用のもとで生きているのかということを言っているので、少し前提になる知識が必要かもしれない。そうでないと理解が難しいところがあるような気もする。

ここで言っているエネルギーは、もちろん物質的なエネルギーではない。だから物理学的なセンサーでは検知できないエネルギーである。もう少し注釈をつけておくと、シュタイナーは「エネルギー」という言葉は使っていない。彼は、「力を及ぼす（翻訳で使われている言葉）」というような言い方をしている。

私の認識では、エネルギーと言ってもほぼ同じだと思っているので、エネルギーという言葉を使うことにした。それと、彼は作物を育てる時に惑星の力が影響を及ぼすと言っているが、それは単に栽培技術として、どういうタイミングで種を蒔けばいいとかというようなハウツー的なこととして言っているわけではないということだ。

生命の原理として、生き物が生きていくということの中における、宇宙からくるエネルギーの作用が原理的にどうなのかということを言っているのである。とても原理的なことを言っている。

シュタイナーの説明の中で注目すべきことはいくつかあって、そのひとつは、惑星からのエネルギーというものの量はあまり重要ではない、わずかでもいいので存在するかしないかが重要なほどの希薄なエネルギーでいいらしいことである。

こういう風に働くエネルギーは科学の世界では知られていない。知られているのは「ホメオパシー」というジャンルの中くらいである。非常にわずかな量のエネルギーが全体の状態を変えてしまうということだからだ。

心の世界ではこういうことはあるかもしれない。ほとんどの人が絶望の淵にあったとしても、そこにわずかな希望の灯がともると、それが全体に伝わっていくというようなことがあり得るからである。だから、ここで言っている惑星のエネルギーというのは、絶対値がかすかなほど弱くても、そのインパクトがものすごく大きいような、そういうエネルギーなのだろう。

もちろん、生きている植物が持っている体が生きているのは当たり前と言えば当たり前だが、そういう植物の体内に取り込まれている珪素とかカルシウム系の元素とかの状態が、体の外に存在する時とは違うということらしい。

ここで誤解してはいけないのは、外惑星のエネルギーが珪素に反応して生命体内に入っていくということが起こるとして、それは、珪素の中にあるのではなくて、生命エネルギーに影響を与えるということである。共鳴作用の経路として珪素が必要なだけである。これは、月や内惑星のエネルギーが生命体内のカルシウムなどに共鳴して入って来る時も同じである。最終目的は、生命エネルギーに作用することである。

なぜ惑星のエネルギーが、植物の生命体内に取り込まれているケイ酸やカルシウムなどに反応するのかというのは、惑星から送られてくるエネルギーというのが、生命エネルギー系のエネルギーだからである。地球という星の上で、生命体を生かしていくということをやる上で、同じ太陽系の惑星としての共同作業をやっているのである。本当は、五つの惑星だけではなくて、他の惑星も関係しているのだが、水星、金星、火星、木星、土星の五つの星の作用が強いのだ。太陽と地球と月が別格なのだが、これに五つの惑星のエネルギーがあって、さらにその他の星のエネルギーも補助的に働いている。

もうひとつ蛇足を加えると、惑星からのエネルギーというのは、その星から三次元空間のあらゆる方向にまんべんなく放射されているわけではなくて、必要なエネルギーを地球に収束して送ってきている。目的意識を持ってやっているのである。それは地球という星と、木星という星があった時に、その二つの星の間のコミュニケーションのようなものなのである。逆に言うと、地球が木星のエネルギーを引いているということもある。

だから、距離が離れていても、それでエネルギーが弱くなってしまうというものでもない。物理的な距離は関係ない。それに霊的なエネルギーという意味で言えば、第一義的には、太陽がエネルギーの中心で、太陽から物理的なエネルギーだけではなくて霊的なエネルギーが送られてきている。そしてこのエネルギーを自らの惑星の中での生命活動に使えるように次元変換しているのである。こうして変換され、その星の固有の生命エネルギーになっているエネルギーの一部が地球に送られてきているということである。そして、こういうそれぞれの星のエネルギーの一部が地球に送られてくると、スパイスのように働くということである。

あとがき

この上巻では、植物のことを取り上げてみた。植物を取り上げていると言っても、シュタイナーの話は、植物というものだけを説明しているわけではなくて、私たちの地球の上で、植物という生き物が、いかに生かされているのかということとの実像を明かすことに真意がある。私たちが、普段は、何気なく見ている自然界というものが、どのように出来上がっていて、どのように働いているのかという、新しい世界観を私たちに提供しているということがあるからだ。

そして、下巻に行くと、いよいよ、人間というものが登場する。もともと、シュタイナーの講義は、農業講座と医療講座というものが、同じ時期に開催されていたので、内容的には組になっているようなところがある。そして、人間のことと植物のことが、非常に深く関わっているということが明かされる。下巻の最初には、ホメオパシーのことを掲載しておいた。そして、中盤以降には、シュタイナーのカルマ論とミカエルストリームの話が出てくる。このあたりは、初歩的な内容ではないのだが、シュタイナーが、最も言いたかったことではないかと私は思っており、そして、今の時代に向けてのシュタイナーのメッセージでもあると思っているので、これを下巻の中心的テーマとしている。

板野肯三　いたの こうぞう
1948年岡山生まれ。東京大学理学部物理学科卒業。理学博士。専門はコンピュータ工学。筑波大学システム情報工学研究科長、学術情報メディアセンター長、評議員、学長特別補佐等を歴任。現在、筑波大学名誉教授。自然や科学全般に幅広く関心を持って活動し、研究室で一粒の種から五百本以上の茎を出す稲を育てた。ソロー学会の会員。『地球人のための超植物入門』『稲はどこまで成長するか』『水のはなし』『続水のはなし』『心は脳の活動から生まれるのか？』『森と樹木のはなし』『人間はサルから進化したのか？』『お金は木の葉か？』『赤いセラミック』『科学を超えて（改訂増補版）』『ベーグルパンと赤ワイン』『デカルトの夢』『パワークラウド』『スピリチュアルアート 水彩編』『人間はなぜ病気になるのか？』『未来の農業を考える』『存在のエネルギー』『ガリレオの真実』『なぜ植物も病気になるのか？』『ハロウィンとケルトの源流』『霊峰富士』『スピリチュアルアート アクリル編』『科学の見る世界の奥に何があるか？』『シュタイナーの観る自然と農業の世界』『シャウベルガーの自然農法と水の神秘』『エドガー・ケイシーとウエットセル』『植物の生体の電気と磁気』『ゲーテとエマーソン』『新型コロナウイルスに思う』『シュタイナーとカルマとワクチン』『いま霊性の目覚めのとき』『女性性と日本の精神性』『自由と発展の本質』『科学からの存在と認識』『樹木と森の精霊たち』『自然農法とは何か？』『シュタイナー論』『体と病気と健康』『スピリチュアルアート統合版』『酸化還元電位に映る水のこころ』『セラミックとピラミッドとコスミック・フルート』『オーガスタとのコミュニケーション』『おかねの話』『新型コロナウイルスと地球の温暖化』『サイエンスをスピリチュアルする』『地球人のための超科学入門』『日本のニコラ・テスラ　ミスターカタカムナ』などの著書がある。

筆者のモットーは「目に見えないからと言って、それがないとは言えない」であり、サイエンスとスピリチュアルの両方に軸足をおき、ものごとの本質を見極めたいと考えている。ある時に神秘体験を通して植物と話ができるようになった異色のエッセイストであり、自らのエッセイをサイエンス・スピリチュアル・エッセイと言っている。

やっとわかった
シュタイナーの本質【上】
目に見えないからと言って、それがないとは言えない！

第一刷　2025年4月30日

著者　板野肯三

発行人　石井健資
発行所　株式会社ヒカルランド
〒162-0821 東京都新宿区津久戸町3-11 TH1ビル6F
電話 03-6265-0852　ファックス 03-6265-0853
http://www.hikaruland.co.jp　info@hikaruland.co.jp
振替　00180-8-496587

本文・カバー・製本　中央精版印刷株式会社
DTP　株式会社キャップス
編集担当　福岡瑞穂／TakeCO

ISBN978-4-86742-483-4

みらくる出帆社
ヒカルランドの

ITTERU BOOKS
イッテル本屋

ヒカルランドの本がズラリと勢揃い！

みらくる出帆社ヒカルランドの本屋、その名も【イッテル本屋】。手に取ってみてみたかった、あの本、この本。ヒカルランド以外の本はありませんが、ヒカルランドの本ならほぼ揃っています。本を読んで、ゆっくりお過ごしいただけるように、椅子のご用意もございます。ぜひ、ヒカルランドの本をじっくりとお楽しみください。

ネットやハピハピ Hi-Ringo で気になったあの商品…お手に取って、そのエネルギーや感覚を味わってみてください。気になった本は、野草茶を飲みながらゆっくり読んでみてくださいね。

〒162-0821 東京都新宿区津久戸町3-11 飯田橋 TH1ビル7F　イッテル本屋

イチオシ！

セミナー情報

もっともっと聞きたい
シュタイナーの本質

本書の著者、筑波大学名誉教授・板野肯三氏が
イッテル本屋に初登壇！
近刊上下本でも語りきれなかった
内奥の秘密にさらに深く迫る！
絶対に聞き逃せないセミナーです。

講師　**板野肯三**

日時　2025年5月4日（日・祝）
14：00～16：00

場所　イッテル本屋　東京都新宿区津久戸町3-11
飯田橋TH1ビル7F

料金　7,000円（ズーム、後日配信6,000円）

懇親会　1万円15名様限定

※セミナー内容および日時・場所等が変更となる場合がございます。最新情報は事前にお申し込みいただいた方へご案内いたしますので、あらかじめご了承ください。

ヒカルランドパーク
JR飯田橋駅東口または地下鉄C1出口（徒歩10分弱）
住所：東京都新宿区津久戸町3-11 飯田橋TH1ビル 7F
電話：03-5225-2671（平日11時-17時）
メール：info@hikarulandpark.jp　URL：https://www.hikaruland.co.jp/
Xアカウント：@hikarulandpark　ホームページからも予約できます。

肌とオーラのスキンケア
美肌の基本、クレンジングをさらに優しく

化粧水由来の成分で汚れを落としながら肌をしっとり整えます。医王石やケイ素（シリカ）を配合し、洗い上がりはなめらか。ローズマリーやラベンダーの香りで心地よいケアを。

白姫クレンジングウォーター

3,630円（税込）

●内容量:150ml
●成分：水、ヤシ油脂肪酸PEG-7グリセリル、PEG-8、ブドウ種子油エステルズ、グリセリン、ジグリセリン、BG、ゼラニウム油、ローズマリー油、ラベンダー油、ケイ素
●合成香料・着色料・パラベン無添加

使用方法：適量をお顔に馴染ませ、ぬるま湯で洗い流してください。その他コットンに染み込ませて、拭き取り化粧水としてもお使いいただけます。メイク落とし、ノーメイクの汚れ落としのどちらでも、お好みでお使いください。

筋肉を活性化して美しい体型を

善玉ホルモン、アディポネクチンは生活習慣に起因する不調の予防に期待され、運動した時と同じ効果を体内にもたらすことが研究されています。体の気になる部位にこのクリームを塗れば、筋肉の活性化を促し、代謝をサポートします。

白姫ステージアップクリーム

9,900円（税込）

●内容量:200ml
●成分：水、グリセリン、エチルヘキサン酸セチル、ホホバ種子油、ヒマワリ種子油、ほか

使用方法：クリームを体全体にのばしてなじむようにマッサージしてお使いください。夜寝る前、朝出かける前、お好きな時にご使用ください。運動効果を上げる目的の場合は運動前にお使いください。まずは継続することをオススメします。

ご注文はヒカルランドパークまで TEL03-5225-2671　https://www.hikaruland.co.jp/

＊ご案内の価格、その他情報は発行日時点のものとなります。

本といっしょに楽しむ イッテル♥ Goods&Life ヒカルランド

エイジングケアローション

老化のプロセスに関与する、染色体DNAの先端にある「テロメア」。その「テロメア」を保護する成分「カッパフィカスアルバレジエキス」を配合し、若々しいお肌へ導きます。

白姫レディーレ 46

6,600円(税込)

●内容量:50ml
●成分:水、BG、グリセリン、ペンチレングリコール、ジグリセリン、1,2-ヘキサンジオール、エタノール、カッパフィカスアルバレジエキス、ほか

使用方法:成分を浸透させるために、朝晩の洗顔後の一番初めにご使用いただくのがオススメです。

多機能型クリーム

宇宙のダイヤと称えられるフラーレンをはじめとした様々な成分の相乗効果により、化粧下地、ファンデーション、帯電防止など、紫外線から守るUVクリームの役目を超える多彩な働きで美容をサポートします。

白姫 UV(美肌 UV クリーム)

5,280円(税込)

●内容量:30g
●成分:水、シクロペンタシロキサン、酸化チタン、ジカプリン酸ネオペンチルグリコール、スクワラン、ほか

使用方法:夏の日焼け対策はもちろん、エイジングケア、陶器のようなキレイ肌の演出、水分保持、帯電防止などアクティブな女性をサポートします。

ヒカルランド　好評既刊！

地上の星☆ヒカルランド　銀河より届く愛と叡智の宅配便

「ウタヒと松果体超活性」
カタカムナ人はこうして潜象界を動かす！
著者：芳賀俊一
四六ソフト　本体 1,600円+税

カタカムナの使い手になる
《宇宙・本質・直感》これがカタカムナの生き方
著者：芳賀俊一
四六ソフト　本体 1,759円+税

言霊、数霊、形霊！
【全ての扉を開ける鍵】カタカムナ
ニューアースの大出産に立ち会う
著者：吉野信子／入口初美
四六ソフト　本体 2,000円+税

生命発生の物理
ハジマリのカタカムナ
著者：川ヰ亜哉子
四六ソフト　本体 2,000円+税

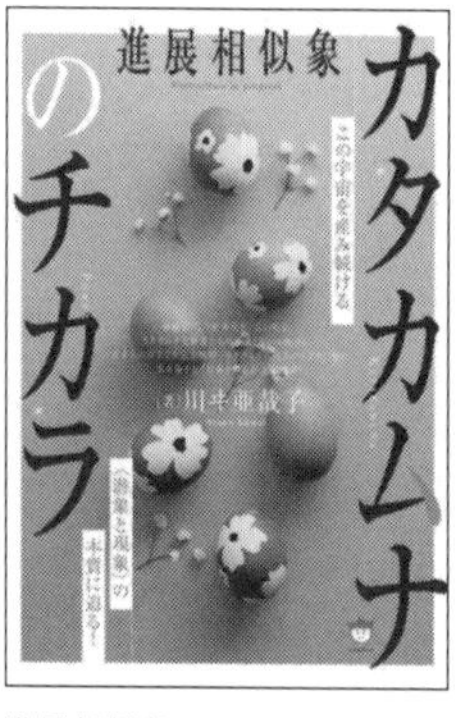

進展相似象
カタカムナのチカラ
この宇宙を産み続ける〈潜象と現象〉の本質に迫る！
著者：川ヰ亜哉子
四六ソフト　本体 2,000円+税

今明かされるヤマトの黙示録
聖徳太子コード 地球未然紀
[上巻]
著者：中山康直
Ａ５ソフト　本体 2,500円+税